Jaison Ambadan C.M

Meine Freude am Christsein

www.tredition.de

© 2020 Jaison Ambadan

Herausgeber: Vinzentiner, St. Amandus,
Kirchstrasse 25, 45711 Datteln

Verlag und Druck: tredition GmbH, Halenreie 40-44,
22359 Hamburg

ISBN
Paperback: 978-3-347-17190-9
Hardcover: 978-3-347-17191-6
e-Book: 978-3-347-17192-3

Meine Freude am Christsein

Eine Stimme haben

Es ist ein spannender Weg, in der Verkündigung die eigene Stimme zu finden: Was möchte ich Menschen mitteilen? Wie möchte ich es ihnen sagen? Was liegt mir so sehr am Herzen, dass ich andere Menschen daran teilhaben lassen und es mit ihnen teilen möchte? Gelingt es mir, den Funken überspringen und meine Freude an der Sache Jesu spürbar werden zu lassen? Wer in diesem Aufsatz liest, wird eine eigene, eine authentische Stimme vorfinden. Es ist die Stimme von Pater Dr. Jaison Ambadan. Wer ihn kennt, wird ihn – sein Meditieren, sein Nachdenken, sein Beten – in diesen Gedanken wiederfinden. Und wer ihn noch nicht kennt, wird erahnen können, welche Gedanken ihn bewegen: Sie finden immer wieder ihre Mitte in Jesus Christus, dem Anführer. Er vermag auch nach 2000 Jahren noch Menschen zu begeistern und zur Nachfolge zu motivieren ...

Ich danke Pater Jaison für die Einladung, dieses kleine Grußwort zu schreiben, und wünsche Ihnen, den Leserinnen und Lesern dieses Aufsatzes, eine anregende und geistvolle Lektüre.

Heinrich Plaßmann
Pfarrer in St. Amandus, Datteln

Einführung

Liebe Schwestern und Brüder in Christus,

viele Christen haben mir in den letzten Jahren die Frage gestellt, wie ich die Christusnachfolge verstehe. Ich habe mich immer über die vielen Diskussionen gefreut und diese Gelegenheiten zum Meinungsaustausch im Sinne von geistlichem Leben gern genutzt. In den Gesprächen mit Bekannten und Freunden gab es oft positive Reaktionen zu meinem geistlichen Reflexionsstand, zu meinem persönlichen christlichen Erfahrungsbericht, den ich als Instrumentarium für verschiedene Interpretationsmöglichkeiten im Hinblick auf meine tägliche Erfahrung über Jesus gern vorstelle. Diese positive Resonanz ermutigte mich, das vorliegende Büchlein „Meine Freude am Christsein" zu schreiben. Ich freue mich ein Christ zu sein. Meine Seele preist den Herrn, wenn ich über Jesus erzähle. Meine Freude am Christsein zeigt sich bereits in der freudigen Spannung meiner Jesus-Erzählung. Ich meditiere eine Stunde täglich. In diesem Booklet möchte ich meine intensive Meditation über Jesus als meinen spirituellen Anführer beschreiben.

Auf der Suche nach einer geistigen Entwicklung in der Pluralität der moralischen und religiösen Konzepte, die angesichts des menschlichen Lebens auf Erden nach Lösungen der inneren Sehnsucht in Verbindung mit friedlichem irdischen Leben sucht, kann dies meiner Ansicht nach als Betrachtung der gegenwärtigen Erlebnisse im Lichte meiner christlichen Tradition umschrieben werden, und ich möchte in diesem Booklet von meiner Freude am Christsein im Blick auf Jesus als meinen guten Anführer, der mich immer begleitet, erzählen.

Die Menschen hatten Probleme im Umgang mit verschiedenen religiösen Traditionen und Theorien; diverse politische Umstände haben die spirituellen Entwicklungsmöglichkeiten gefährdet und überlagert, auch haben einige

Politiker die religiösen Prinzipien für ihre Vorteile benutzt, und die Frage nach geistlichen Anführern bleibt immer noch für viele Menschen unbeantwortet. Menschen benötigen religiöse Begleitung für eine Orientierung in ihrer Sehnsucht.

Verschiedene komplexe Vernetzungen und die postmodernen Wirtschaftsstrukturen unterdrückten die Religiosität regelrecht und eine überwiegend materielle Orientierung etablierte sich. Natürlich weiß ich, dass es zahlreiche Kriege und Bürgerkriege gab und noch immer gibt, die viele Opfer forderten. Auf der anderen Seite sehe ich auch viele Christen, die in den letzten Jahren wegen ihres Glaubens sterben mussten. Viele davon könnten noch leben, wenn sie ihren Glauben aufgegeben hätten. Was brennt in diesen Menschen? Hat sich diese Situation heute verändert? Ich werde sicher nicht falschliegen, wenn ich sage, dass es keine andere Religion in der Welt als das Christentum gibt, wo so viele Menschen nur wegen ihres Glaubens sterben mussten. Da brennt ein geistliches Feuer in ihren Leben, das deren Dasein einen spirituellen Sinn gibt. Brennt ein solches Feuer auch in unseren Herzen?

Meine Freude am Christsein ist in meiner christlichen Erfahrung begründet, wo auch meine geistlichen Gedanken und mein Glauben tief verwurzelt sind. Es ist auch für mich von Vorteil, dass in diesem Glauben bereits meine Eltern, Großeltern und Generationen vor ihnen lebten und ihren Trost und Erfüllung in Jesus gefunden haben.

In dem vorliegenden Text „Meine Freude am Christsein" möchte ich aus meiner persönlichen Glaubenserfahrung heraus Jesus als mein inneres und persönliches Leitmotiv meiner spirituellen Entwicklung beschreiben.

Seit 2000 Jahren lebten Millionen von Menschen treu in der Nachfolge Jesu und führten dabei ein vorbildliches Leben im Sinne der

Menschlichkeit. Millionen Menschen sind heute dankbar für das christlich-soziale Engagement; die Christenheit ist bekannt für Nächstenliebe und Caritas. Denken Sie bitte an das Funkeln in den Augen der Christen, wenn sie Nächstenliebe erfahren, die aus tiefster Überzeugung des Glaubens in caritativen Handlungen entsteht und von der Liebe Gottes erzählt?

Millionen Frauen und Männer haben alles verlassen und sich hauptamtlich für ein geistliches Leben in der Kirche entschieden. Haben Sie sich auch gefragt: woher nehmen sie hierzu ihre Kraft? Viele Menschen engagieren sich ehrenamtlich in der Kirche, im Kirchenvorstand, im Pfarreirat, im Lektorendienst, in den Kirchenchören oder sind bei der Begleitung für Kinder, Jugendliche und Senioren aktiv. Haben Sie sich jemals gefragt: woraus bekommen diese Menschen die Kraft für ihre geistliche Begeisterung?

In der Zeit der CoVid19-Pandemie erlebe ich vielfältige gesellschaftliche Veränderungen, zum Beispiel Kontaktbeschränkungen zu den Gläubigen und eine sehr eingeschränkte Möglichkeit der Gottesdienstteilnahme; viele der regelmäßigen Kirchgängerinnen und Kirchgänger können leider nicht persönlich am Gottesdienst teilnehmen.

In dieser außergewöhnlichen Zeit möchte ich mit diesem Booklet viele davon erreichen, mit ihnen in Kontakt bleiben und ihnen etwas über Jesus und von meinem persönlichen Zugang zu ihm erzählen und Ihnen als Leserinnen und Leser vielleicht einige hilfreiche Impulse für Ihre Jesus Betrachtung geben.

I. Transzendente innere Stimme

Der Herr ist mein Hirte, mir wird nichts fehlen, so beginnt der Psalm 23. Meine Betrachtung über diesen Spruch sagt mir, dass viele Menschen nach genau diesem guten „Leader", nach diesem guten Hirten fragen. Die Christen benötigen diesen guten Leader, als gutes Vorbild in der Gemeinde für die geistliche Gemeinschaft und natürlich auch, um die vielen täglichen pastoralen Ziele zu erreichen. Meine persönlichen Erfahrungen zeigen mir, dass die Frage nach einer spirituellen Führung häufig gestellt wird; sich viele Menschen aller Altersstufen für theologische Gespräche, Bibelzitate und Erzählungen interessieren.

Als der gute Hirt möchte Jesus die Menschen täglich durch ihre Sorgen und Nöte bis hin zur Glückseligkeit des ewigen Lebens führen (Joh 10: 9). Der eigentliche wahre gute Hirt ist Jesus Christus; der gute Hirt, der seiner Kirche siegreich vorausgegangen ist, der seine gläubigen Menschen nicht verlässt, der alle Menschen, die an ihn glauben, zum ewigen Leben geleitet, der auch durch seine Barmherzigkeit die Verlorengegangenen sucht, und sie alle führt er zum ewigen Leben. Darum bekennen die Gläubigen von Generation zu Generation, dass Gott selbst der gute Hirt ist (Ezk 34: 11-22).

Natürlich werden Sie mich sofort fragen: Wie können wir Jesus als guten Hirten in unserem Leben spüren? Der Apostel Petrus antwortete sehr scharf und direkt darauf: *kehrt um, und jeder von euch lasse sich auf den Namen Jesu Christi taufen zur Vergebung eurer Sünden; dann werdet ihr die Gabe des Heiligen Geistes empfangen. Denn euch und euren Kindern gilt die Verheißung und all denen in der Ferne, die der Herr, unser Gott, herbeirufen wird* (Apg 2: 38-39).

Meine Güte - „*kehrt um*" - was kann das bedeuten? Umkehren heißt einen neuen Weg gehen. Gibt es jemanden, der diese Bedeutung nicht kennt? Alle Menschen in allen Kulturen und Religionen verstehen das. Aber sind die Menschen bereit, sich zu ändern? Wie kann ich umkehren? Sofort spricht man über die Sünde. Die Veränderung ist für das gesamte Leben erwartet. Ich möchte dieses unverhältnismäßige und hoch komplizierte Bild dieser Umkehr erst vermeiden. Ich will eine annehmbare Art in einem festgelegten Rahmen des täglichen Lebens pragmatisch vorschlagen, damit daraus akzeptable Lösungen erarbeitet werden können, die den spezifischen religiösen Gegebenheiten des Einzelnen entsprechen.

Die Frage ist: wie gestalte ich meine Zeit? 1 Tag hat 24 Stunden; 1 Woche hat 168 Stunden; 30 Tage sind also 720 Stunden. Wie viele Stunden in 1 Monat bin ich bereit zu beten und über die Botschaft Jesu zu meditieren? Wie viele Stunden in diesen 30 Tagen setze ich für meine spirituelle Entwicklung ein? Das ist eine sehr persönliche Frage. Damit die Antwort auf die Frage nach dem Umkehren Wirklichkeit werden kann, könnte jeder Mensch aus einer persönlichen Entscheidung heraus so sein Leben gestalten. Aber lasst uns mit Freude versuchen, unsere Augen, Ohren und Hände zu öffnen für Christus, unseren Heiland, Retter und guten Hirten. Er ist unsere Quelle der göttlichen Tröstung und Führung.

Ich habe täglich immer eine besondere Aufgabe, nämlich zwischen dem Transzendenten und Immanenten, zwischen dem Universellen und dem Besonderen, zwischen dem Unbestimmten und dem Konkreten, zwischen dem Vergänglichen und Unvergänglichen, zwischen dem Materiellen und Spirituellen zu leben. Deshalb benötige ich einen Anführer, der mich in meinem täglichen Leben wahrhaftig führen kann. Transzendente Gedanken sind ein Teil meines täglichen Lebens geworden. Ich erlebe durch mein Denken gegenwärtige transzendente Erfahrung mithilfe und durch Jesus und verstehe meine gegenwärtige Erfahrung im

Sinne von transzendenter Erfüllung durch Jesus. Ich bemesse den Wert meines Lebens nicht im Immanenten, eher im Lichte des Transzendenten, was kein Hindernis für mein tägliches, irdisches Denken und Tun darstellt, sondern eher meinen persönlichen Erfahrungen immer wieder mein Leben lang Nahrung gibt und sie vertieft. Ich meditiere täglich eine Stunde, dabei versuche ich mein Leben im Lichte Jesu Christi immer wieder auszurichten. Das ist eben die Berufung für alle Katholiken und Christen, um den Kontakt mit Gott zu vertiefen.

Wenn ich alle meine Zeit für materielle und weltliche Dinge aufwende, wie kann ich meine Spiritualität pflegen? Ohne Pflege wächst nichts. Um eine Begegnung mit dem Hirten Jesus zu ermöglichen, ist es mir wichtig, dass ich immer wieder in und durch meinen christlichen Glauben in meiner persönlichen Zeit bewusst an Gott denke und genau dafür meine Zeit investiere; ich würde sagen täglich eine Stunde, damit ich seine Stimme hören darf. Beten, meditieren und Kontemplation sind die perfekte Methode und Möglichkeit, um seine Stimme zu hören. Durch meine Gebete kann ich vertiefen, dass Jesus der gute Hirt ist (Joh 10:11. 14), der sein Leben für seine Menschen hingibt (Joh 10: 15), jene Menschen, die ihm zuhören und zu ihm gehören. Das gesamte Heilsgeschehen von Erlösung in der Bibel wird in diesem Bild des guten Hirten präsent. Jesus hat deutlich versprochen, dass er den Menschen ewiges Leben gebe (Joh 10: 28). Er lädt alle Menschen zu diesem Glauben ein.

Um eine transzendente innere Stimme zu hören, brauchen die Menschen vor allem ein besonderes Vertrauensverhältnis zu und mit der Quelle dieser Stimme; diese Stimme ist eine unüberbietbare Liebe, die immer bereit ist, alles mit Begeisterung zu den Menschen zu geben. Jesus sagte zu seinen Jüngern, dass es keine größere Liebe gibt, als wenn einer sein Leben für seine Freunde hingibt (Johannes 15: 13). In dieser Botschaft Jesu sehe ich seine Hingabe am Kreuz (Phil 2: 6-11), das kann ich in meinem Leben niemals vergessen und dieses Bild ist ganz tief in meinem Herzen.

In seiner Erzählung vom Weizenkorn hat er es bildlich für die Menschen dargestellt: jeder Mensch hat Körper und Seele; der Körper muss sterben, damit die Seele heim zu Gott gehen kann. Wenn ich versuche, nur meinen Körper zu bewahren, kann ich meiner Spiritualität leider keinen guten Nährboden bieten. Alles, was ich in dieser Welt wertschätze - alle materiellen Dinge, die ich ansammle – alles, was im Mittelpunkt meines Leben wertvoller ist als Gott, sollte in mir sterben, damit mithilfe meines Glaubens und der täglichen Gebete ein seelisches Wachstum als Frucht durch die Begegnung mit Jesus erreicht werden kann.

Der auferstandene Christus ermutigt uns als der gute Anführer, der die Menschen durch die Gabe des Geistes im alltäglichen Leben begleiten möchte und ewiges Leben schenken will. Jesus ist der beste freundliche Begleiter, der alle Menschen, die an ihn glauben, persönlich zur guten Zukunft führen will.

Ich bin alleine nicht fähig, den Sinn und das Ziel meines irdischen und ewigen Lebens selbst zu bestimmen. Ich benötige Gotteshilfe. Ich kann nicht sagen, dass das Ziel meines Lebens ein Zufall ist. Gott hat durch seine Liebe das Ziel meines Lebens bestimmt. Ich darf seiner Liebe zustimmen und sie annehmen, damit ich die Bestimmung Gottes in dieser Welt verwirklichen kann. Durch meinen Glauben und meine Vernunft, vertrauend auf die unbegrenzte Liebe Gottes, bemühe ich mich täglich eine Stunde die Stimme meines Hirten zu hören und die geistliche Erfahrung in meinem geschenkten Leben zu vertiefen (Joh 6: 39).

Im Grunde genommen ist die spirituelle Berufung für jeden Menschen offen, aber ich werde mein Bestes geben und mich täglich bemühen, um der geistlichen Berufung in meinem Leben gerecht zu werden (Mt 5: 3-12; Lk 6: 36).

Mein Anführer Jesus will nicht, dass meine Seele stirbt, denn Sterben ist eine furchtbare Trennung; es bedeutet, dass das seelische Sterben eine gewaltige Trennung von Gott ist. Er will, dass ich mit ihm in Verbindung bleibe und die Freude meines Lebens entwickeln lasse. Diese Freude meines Lebens wird durch Annehmen meiner spirituellen Berufung erlebbar, aus diesem Grunde will ich täglich mein Leben im Gebet gestalten und danach streben, seine Stimme zu hören (Mk 4: 20). Wenn ich danach strebe, Jesu Stimme zu hören, hilft er mir natürlich, weil jeder Mensch durch die Hingabe Jesu erlöst ist, damit die Menschen, die an ihn glauben die Kraft des Heiligen Geistes empfangen, wodurch die Gegenwart Gottes in seinen Menschen wohne (Jes 60: 1-6; Mt 8: 11; 28).

Täglich eine Stunde Meditation ist mein persönliches Vorgehen zur Begegnung mit Gott. Wenn ich mich regelmäßig bemühe zu meditieren, entwickelt sich in mir durch Verstand und Vernunft eine innere Verbindung mit Gott, die ich auch als meine innere Sehnsucht und spirituelle Orientierung bezeichnen kann. Diese innere und unsichtbare seelische Verbindung mit Gott verwirklicht die Worte Jesu in mir als den Weg zu Gott (Joh 14: 6), der die Sehnsucht in meinem weltlichen Leben zu dem himmlischen Leben wecken und erfüllen wird (Joh 14:1-14). Menschen können verschiedene spirituelle Methoden der Sehnsucht anwenden, um die Spiritualität als eine täglich lebendige Erfahrung zu erleben; allerdings sagte Jesus ganz konkret, dass er der Mittelpunkt dieses Weges ist. Zu den Menschen, die ihm folgten, fügte er hinzu: *Niemand kommt zum Vater außer durch mich* (Joh 14: 6).

Ich verstehe das Bild vom guten Hirten noch in einem weiteren pastoralen Sinn: Jesus ist das Alpha und Omega meiner Spiritualität, weil er die Tür (Joh 10: 7. 9) zu meiner spirituellen Entwicklung und meinem himmlischen Leben ist. Ich finde keinen anderen Weg für meine Meditation, für meine Sehnsucht, für meine tägliche Orientierung als den Weg zu Jesus, der durch seinen Tod und die Auferstehung die Gnade Gottes für mich und für die Menschheit die Tür offen sein lässt. Ich schaffe es allein durch meine Kraft nicht, deshalb hat er vollkommen recht, wenn er sagt: niemand kommt zum Vater außer durch mich.

II. Miteinander und Füreinander

Zu Weihnachten feiern wir die Gegenwart Gottes, der Immanuel ist, der durch Jesu Geburt die Menschen zu Gott führt. Zu Ostern feiern wir die Auferstehung Jesu, der für alle Menschen, die an ihn glauben und seine Botschaft akzeptieren, erreichbar und erfahrbar ist. Gott hat durch Jesus das Konzept des Tempels und des auserwählten Volkes durchbrochen; dadurch bereitete er für die ganze Menschheit einen Weg durch Jesus seinen Sohn, der die Begrenztheit der Seele hinausführt in die Freiheit des ewigen Lebens. Jesus hat allen Menschen versichert, dass er die Tür ist. Wer durch ihn hineingeht, wer seine Botschaft akzeptiert, wird gerettet werden (Joh 10:9).

Ich darf durch diese Tür ein- und ausgehen (Joh 10: 9). Diese Tür ist für mein himmlisches Leben, aber auch für das tägliche Leben in dieser Welt. Also hat diese Tür eine himmlische und irdische Dimension für mein Leben, die durch die Botschaft des Evangeliums eine vielfältige tägliche Ausdeutung für mein geistliches Leben hat und mein tägliches Tun und meine Unterlassungen von dieser Gestaltung prägt. Wenn ich durch diese Tür eintrete, wird Jesus mich zu einer Gemeinschaft mit ihm hinführen, darum ist auch die Kirche als Schafstall in *Lumen gentium,* Nummer 6, bezeichnet:

Wie im Alten Testament die Offenbarung des Reiches häufig in Vorbildern geschieht, so erschließt sich auch uns jetzt das innerste Wesen der Kirche in verschiedenen Bildern, die vom Hirten- und Bauernleben, vom Hausbau oder auch von der Familie und der Brautschaft genommen sind und schon in den Büchern der Propheten vorbereitet werden. So ist die Kirche der Schafstall, dessen einzige und notwendige Tür Christus ist (Joh 10:1-10). Sie ist auch die Herde, als deren künftigen Hirten Gott selbst sich vorher verkündigt hat (vgl. Jes 40:11; Ez

34:11 ff). Wenngleich ihre Schafe von menschlichen Hirten geleitet werden, so werden sie dennoch immerfort von Christus, dem guten Hirten und dem Ersten der Hirten, geführt und genährt (vgl. Joh 10:11; 1 Petr 5:4), der sein Leben hingegeben hat für die Schafe (vgl. Joh 10:11-15).

In der Kirche erlebe ich eine Gemeinschaft derer, die die Botschaft Jesu akzeptieren. In Prinzip sind alle, die zu dieser Gemeinschaft gehören, aufgerufen, sich einander auf ihrem spirituellen Weg im täglichen Leben zu unterstützen, um durchzuhalten. Dieser Gemeinschaft der Gläubigen sitzt Jesus als das Haupt bei jeder Entscheidung vor (. Kol 1: 18; Eph 1: 22; 5: 23), und diese Menschen fühlen sich als die Glieder, die verschiedene Rollen in der Gemeinschaft haben. (Eph 5: 23). Die Botschaft Jesu sind die Worte des Hirten für mich und auch für alle anderen, die ihm folgen (Joh 10: 11.14). Höre ich immer auf seine Stimme? Befolgen die Christen die Worte Jesu für ihre theologische, philosophische und moralische

Vernunft, um ihren täglichen Weg als Herde zu gehen (Mt 9: 36)? Menschen, die seine Botschaft angenommen haben, erkennt man an ihrer Lebensweise, weil ihr Verstand vom ewigen Leben in ihrem alltäglichen Leben deutlich hervortritt.

Der auferstandene Jesus lebt durch Wirken des Heiligen Geistes in den Menschen, die an ihn glauben und er führt die Menschen zum ewigen Leben. Das gibt mir Mut, mein alltägliches Leben nach der himmlischen Orientierung zu gestalten. Allerdings ist es merkwürdig, dass ich in dem Gebet *Vater Unser* bete „*...führe uns nicht in Versuchung*"... Es wird oft gefragt: warum so eine Versuchung von dem Anführer, von dem Hirten?

Jakobus erklärt es in seinem Brief über die Versuchung: *Niemand sage, wenn er versucht wird, dass er von Gott versucht werde. Denn Gott kann nicht zum Bösen versucht werden und er selbst versucht niemand. Sondern ein jeder, der versucht wird, wird von seiner eigenen Begierde gereizt und gelockt. Danach, wenn die Begierde empfangen hat, gebiert sie die Sünde; die Sünde aber, wenn sie vollendet ist, gebiert den Tod. Irrt euch nicht, meine Lieben. Alle gute Gabe und alle vollkommene Gabe kommen von oben herab, von dem Vater des Lichts, bei dem keine Veränderung ist noch Wechsel von Licht und Finsternis. Er hat uns geboren nach seinem Willen durch das Wort der Wahrheit, damit wir die Erstlinge seiner Geschöpfe seien* (Jak1: 13-18).

Wenn ich bete: „*...führe uns nicht in Versuchung*"... vertiefe ich in meinem Verstand, dass ich in die Irre gehen kann; dass nicht alles, was mich bewegt, in mir heilig ist; obwohl ich bete und auf meine spirituelle Weiterentwicklung hinarbeite, bin ich immer noch ein normaler Mensch. Ich benötige Gottes Hilfe für meine geistliche und spirituelle Entwicklung.

Desweitern verstehe ich diese Aussage literarisch: *„...führe uns nicht in Versuchung“...* wurde formuliert mit einer negativen Betonung, um deutlich auf zwei positive Bedeutungen im Rahmen des Göttlichen und Menschlichen hinzuweisen; Versuchung passiert dem Menschen. Wir wissen mit welcher Ernsthaftigkeit Jesus in der Wüste gebetet hat, um von der menschlichen Versuchung loszukommen. Er hat durch sein Fasten und Beten seiner menschlichen Versuchung widerstanden. Die menschliche Stimmung der Versuchung gegen Gott sollte sterben, um die göttliche Komponente der Gnade in den Menschen wachsen zu lassen. Jesus sagte: *Wenn das Weizenkorn nicht in die Erde fällt und stirbt, bleibt es allein; wenn es aber stirbt, bringt es reiche Frucht. Wer an seinem Leben hängt, verliert es; wer aber sein Leben in dieser Welt geringachtet, wird es bewahren bis ins ewige Leben* (Joh 12:24-25). Ich würde sagen, dass dieses Gleichnis vom Weizenkorn über exakt diese Faktoren erzählt, die Menschen in die Irre und in die Versuchung führen kann. Ich muss also

Furcht vor den vielfältigen Formen der Versuchung haben, und bitte deshalb um Gottes Hilfe, wenn ich bete *führe mich nicht in Versuchung,* damit ich erkenne, dass ich in die Irre gehen kann und gleichzeitig mit der Hilfe Gottes in seiner göttlichen Gnade verbleiben kann.

Jesus ist mein Beistand bei Gott. Mein Anführer - Jesus - ist von den Toten auferstanden, er ist in den Himmel heimgekehrt und tritt für mich beim Vater ein; er, der sich auch um alle Menschen kümmert (Röm 8:34), hat für die Menschen in seinem irdischen Leben gebetet und hat seine Apostel zu beten gelehrt. Nach seiner Himmelfahrt ist er mein und unser Beistand bei dem Vater. Er ist die Sühnung für die Sünden, aber nicht allein für die meinen, sondern auch für die der ganzen Welt (1 Joh 2: 1). Jesus bewahrt mich und begleitet mich zum ewigen Leben.

Jesus hat in seinem irdischen Leben den Namen Gottes verherrlicht und Gott, unser Vater, gibt uns ewiges Leben durch Jesus. Jesus führt mich und alle Menschen, die an ihn glauben, zum ewigen Leben. Dies aber ist, was das ewige Leben schenkt: dass die Menschen den wahren Gott und den, den er gesandt hat - Jesus Christus -, erkennen (Joh 17:2-3). Menschen dürfen in ihren täglichen Leben in unterschiedlichen Situationen Gott erkennen und verherrlichen. Petrus erzählt in seinem Brief: *wenn die Menschen im Namen Christi geschmäht werden, glückselig sind sie! Denn der Geist der Herrlichkeit Gottes ruht auf ihnen. Denn niemand von ihnen leidet als Mörder oder Dieb oder Übeltäter oder als einer, der sich in fremde Sachen mischt; wenn die Menschen aber als Christ leiden, schämen sie sich nicht, sondern verherrlichen Gott in diesem Namen* (1 Peter 4: 14-16). Deshalb geschieht die Verherrlichung des Namen Gottes im täglichen Leben der Menschen durch ihr Bekenntnis in der Familie, im Bekanntenkreis und in der Gemeinde, und diese Verherrlichung des Namen

Gottes ist im Grunde genommen meine persönliche Spiritualität und tägliche Aufgabe zusammen mit der ganzen Kirche.

Jesus offenbarte Gottes Namen den Menschen, dadurch hat er ihn verherrlicht (Joh 17: 6). Diese Offenbarung war seine Aufgabe der Verkündigung. Auf verschiedene Art und Weise will ich in meinem täglichen Leben Gott verkünden, damit der Name Gottes durch mein Leben verherrlicht wird. Jesus erhielt diesen Auftrag von seinem Vater; er erfüllte den Auftrag und er lebte für den Auftrag (Joh 17:4). Dieser Auftrag ist auch meine tägliche Herausforderung und ich strebe danach.

Gott, der Vater, ist in Jesus und Jesus ist in Gott; diese Einheit ist mein Vorbild, beim Beten und bei seiner Verherrlichung. Durch meine persönlichen Gebete wird meine Seele langsam immer inniger mit Gott verbunden, damit ich seine Stimme hören kann. Dafür hat auch

Jesus gebetet: (Joh 17:23) ...dass die Menschen eine Gemeinschaft mit ihm bilden und in dieser Gemeinschaft auch Freundschaften entstehen.

Jesus als der Anführer will diese Gemeinschaft zwischen Gott und den Menschen etablieren. Deshalb will ich mich auch bemühen zu beten, damit mein Herz und meine Gedanken mit der Gabe des Heiligen Geistes bewegt und erneuert werden. Dadurch werde ich in friedlichem Miteinander und Füreinander in der Gemeinde leben. Als Christ teile ich diese Aufgabe der Gemeinschaft mit Gott. Ich bitte um Gottes Hilfe und für die Begleitung des Heiligen Geistes, damit ich mich nicht in falschen Freuden verliere und wachsam bleibe in der Liebe Gottes. Ich vertraue darauf, dass Jesus - mein Anführer - mich nicht verlässt und zum ewigen Leben führt. Durch ihn preise ich Gott in österlicher Freude und bemühe mich, meine Spiritualität täglich zu praktizieren, damit ich seinen Namen in meiner eigenen Art und Weise verherrliche.

Im Gebet darf ich eins mit Gott sein. Ich spüre dann, wie Gott mich beauftragt, in meinem täglichen Leben bleibende Frucht zu tragen. Gott traut mir diese Sendung zu; er möchte, dass ich es schaffe. Manchmal denke ich mir: Gott verlangt etwas viel von mir. Ich bin schwach. Ich glaube aber, dass Gott nicht so sehr an meine Schwachheit denkt; wenn das der Fall wäre, hätte er mir das nicht zugetraut. Gott sieht auch meine Seele und wirkt für die Erlösung meiner Seele. Durch diese Sendung entwickelt sich in mir eine Freundschaft mit Gott, in der er mein Anführer ist. In ihm finde ich die Erfüllung meines Glückes. Natürlich gibt es ab und zu Krisen, aber ich fürchte mich nicht, unglücklich zu sein. Ich weiß, dass er mir Zuversicht gibt, dass ich wirklich in ihm Trost finden kann. In Jesus entdecke ich die Quelle meines Lebens. Ich versuche eine Visitenkarte für Jesus und seine Kirche zu sein, meine positiven Erfahrungen zu teilen und die Menschen im Glauben zu festigen.

Jesus betete als Anführer der Menschen um Einheit (Joh 17:11). Jesus bittet um eine Einheit in seinem Gebet, von der er erwartet, mit den Menschen auf das Innigste verbunden zu sein, damit - wie Gott und Jesus eins sind - die Menschen und Gott verbunden sein werden; solche innigste Einheit mit Gott wird mit Hilfe des Heiligen Geistes möglich (Joh 14:15-31). Deshalb will ich immer wieder beten um das tägliche Brot meines Lebens, damit ich in einer Einheit mit Jesus lebe. Durch die Gnade Gottes wird sich das Wort Jesu in meinem Leben verwirklichen: *Ich bin in meinem Vater, ihr seid in mir, und ich bin in euch* (Joh 14: 20).

Der auferstandene Jesus wird als Anwalt, Beistand und Betender bezeichnet und ist zugleich Vorbild für die Menschen, die im Gebet um die Kraft des Heiligen Geistes bitten. Durch die Kraft des Heiligen Geistes entwickelt sich innigste Verbundenheit mit Gott. In dieser Einheit sind die Menschen als lebendige Bausteine der Kirche zu verstehen (Apg 1: 12-14; 2: 1). Lebendiger Baustein werden bedeutet, sich in einer Gemeinschaft des Gebetes zu ent-wickeln. In einer Gemeinschaft des Gebetes wird Jesus anwesend sein, weil er versprochen hat: *wo zwei oder drei in meinem Namen versammelt sind, da bin ich mitten unter ihnen* (Mt 18: 20). Im Gebet sind die Menschen untereinander und miteinander verbunden, wenn sie füreinander um die Kraft des Heiligen Geistes beten. Es ist meine Sehnsucht, so ein lebendiger Baustein zu werden.

Deshalb möchte ich täglich zum Heiligen Geist und für die Einheit des göttlichen Lebens beten, damit ich für Gott und für sein Reich leben darf, damit ich in einer Gemeinschaft des Gebetes Freude empfinde, damit ich die innigste Einheit mit Gott wertvoll schätze, damit ich gesund als lebendiger Stein der Kirche bleibe, damit ich den Namen Gottes durch mein Leben verherrliche.

In dem Gebet, in dem ich mein Leben mit anderen Menschen teile, in dem meine Hoffnung und Zuversicht lebendig werden kann, in dem ich gerecht und solidarisch mit anderen Menschen umgehe, in dem ich mutig für andere Menschen bete, dort scheint in mir der Geist des Auferstandenen, meines Anführers, auf. Wenn ich für andere Menschen bete, teile ich mein Leben mit anderen, und wenn ich im Gebet mich mit anderen Menschen versöhne, bemühe ich mich mit anderen Menschen umzugehen. In dieser Einheit darf ich dann auch erkennen: Jesus hat Gott, unseren Vater, auf der Erde verherrlicht und das Werk der Erlösung zu Ende geführt; er begleitet mich bis zum Ende meines Lebens.

Jesus begleitet mich durch sein Wort des Trostes und stärkt mich durch die Gabe des Heiligen Geistes. Ich glaube an Jesus, der gekreuzigt, gestorben, begraben wurde, auferstanden und in den Himmel aufgefahren ist. Meinen Glauben verdanke ich vielen Menschen, die mir von Gott erzählt haben. Ich vertraue der Überlieferung der niedergeschriebenen Erzählung von Jesus und dem Zeugnis, dass die Christen immer wieder von Generation zu Generation, durch Großeltern, Eltern, Bekannte und Freunde weitergegeben haben. Ich vertraue auch auf meine eigene Erfahrung, die ich im christlichen Leben bereits erlangt habe.

Jesus ist für mich tröstendes Wort Gottes. Einmal wurden Paulus und seine Begleiter, als sie in der Synagoge von Antiochia waren, von dem Volk gefragt, ein Wort des Trostes zu sagen (Apg 13: 15). Dann erzählte Paulus die gesamte Gottesheilsgeschichte für das auserwählte Volk Gottes von Abraham bis zur Auferstehung Jesu. Paulus hat den Trost Gottes in Jesus und er hat die Gemeinde angehalten, in Jesus ihren Retter zu sehen. Die Worte der Bibel sind Worte des Trostes. Wenn ich in der Bibel lese und die Verkündigung der Frohen Botschaft durch Jesus folge, geschieht in mir die Weitergabe des Wortes, das für mich Trost bedeutet. Jesus lädt mich immer wieder neu dazu ein, diesen Trost zu hören, zu suchen und zu finden.

III. Sein Wort reflektieren

In meinem Leben habe ich erfahren, dass Jesus das Wort Gottes ist (Joh 1). In der heiligen Schrift wird er Gott des Trostes genannt (Röm 15: 5; 2 Kor 1: 3). Wir Christen nennen auch den Heiligen Geist Tröster, der die Sünde enthüllt, der ein Beistand ist (Joh 15:26), der dem Herzen des Menschen die Gnade der Reue und der Umkehr schenkt (Apg 2:36-38). Als Jesus das Kommen des Heiligen Geistes ankündigt, nennt er ihn wörtlich Paraklet. *Paraklet* wird heute mit Tröster und Beistand übersetzt, allerdings ist Jesus der erste Beistand für alle Menschen (1 Joh 2:1). Jesus hat den Menschen oft Trost zugesprochen, zum

Beispiel sagte er der Frau *weine nicht* (Lk 7: 13). Jesus hat selbst den Heiligen Geist den Geist der Wahrheit genannt (Joh 16:13). Jesus sagte: *Ich bin der Weg und die Wahrheit und das Leben; niemand kommt zum Vater außer durch mich* (Joh 14:6).

Gott möchte durch seine Barmherzigkeit in der Heilsgeschichte Worte des Trostes verkünden. Gottes Wort war und ist ein Trost für die Zukunft. Obwohl die Menschen ihn oft verlassen haben, hat Gott den Menschen Jesus als Tröster, Retter und Heiland gesandt (Apg 13: 23). In Jesus finde ich gerade die Zuversicht, die meine Zukunft betrifft. Durch seine Worte hat Jesus die Niedrigen erhöht (Lk 1: 52), den trauernden Menschen Freude versprochen (Mt 5: 4). Das sagt er auch heute zu uns: habt Mut, habt Vertrauen, ich werde euch begleiten.

Jesus hat mir und allen Menschen ein Beispiel durch die Fußwaschung gegeben: er erwartet, dass alle, die an ihn glauben, einander in Bescheidenheit dienen. In diesem Miteinander und Füreinander zu dienen, steckt auch der menschliche Trost - ein Beispiel von Jesus, dass wir es auf unsere Art und Weise füreinander tun wollen (1 Thess 4: 13-14).

Durch tröstende Worte will Jesus das Gute von mir und durch mich für die Welt einbringen, damit die Menschen, denen ich begegne, in der Liebe zueinander, füreinander und miteinander zur Freude des Lebens geführt werden. In der Feier der Eucharistie, in der das Wort Gottes verkündet wird, in der die Gläubigen Jesus begegnen und empfangen dürfen, ist die Quelle des Trostes für die spirituelle Entwicklung sowie für ein zufriedenes Leben in der Welt. Die Natur des Menschen ist verbunden mit den Leiden und den Krankheiten, deshalb benötigen Menschen auch Trost für spirituelle Entwicklung. Durch tröstende Worte will Jesus meinen Verstand verstärken, damit ich die Natur der Menschlichkeit verstehe.

Wenn ich die Bibeltexte lese, habe ich Gelegenheit seine Worte zu reflektieren, in der Gesinnung Jesu zu handeln und ein Faustpfand für das ewige Leben zu haben (Mt 10: 39; 16: 25). Ich finde ein tröstendes Leben in Jesus, mit Jesus und durch Jesus; seine Worte geben mir Zuversicht, weil Jesus den Tod ein für alle Mal für mich und alle Menschen besiegt hat. Diese Zuversicht wird mich weg von der Sorge und Angst in dieser Welt zum himmlischen ewigen Leben führen. Weil Jesus nach dem Willen des Vaters für die Menschen gelitten hat und gestorben ist, werde ich von ihm nicht verlassen und vergessen werden; er ist meine Zukunft, in ihm finde ich meinen Trost und meine persönliche Begleitung.

Ich persönlich identifiziere mich mit der Aussage aus Psalm 23, und sehe in Jesus als meinen Anführer die richtige Entscheidung für meine Spiritualität. Ob ich in finsterer Schlucht wandere, fürchte ich kein Unheil, weil er mir Zuversicht gibt und mich auf meinem spirituellen Weg führt und begleitet. Als Umweg auf meiner Pilgerreise in der Nachfolge Christi ereignen sich manchmal kleinere und größere Krisen, dann gebe ich nicht meiner Schwachheit nach, sondern vertraue auf seine treue Begleitung. Wenn ich müde und traurig bin, und auch wenn alles dagegenspricht, salbt er mein Haupt mit Öl, füllt und nährt meine Gedanken und Verlangen reichlich, damit der Sinn meines Lebens für mich erfahrbar wird. Wenn ich auch Angst habe, dass ich aus eigener Schuld und Unvollkommenheit von meinem spirituellen Weg abkommen und stürzen könnte, richtet er mich immer wieder auf. Er gibt mir Mut und sagt mir einfach: lasse uns neu beginnen. Dieser Sinn meines Lebens wohnt seit langer Zeit in mir, macht mich allezeit glücklich und schenkt mir die Vorfreude, dass ich einst ganz bei ihm sein darf.

Ich glaube an Jesus und ich folge ihm nach, deshalb gehöre ich auch zu seinen Jüngern. Alle Christen sind mit den Jüngern Jesu gemeint, weil alle Christen von Gott zur Gemeinschaft mit Jesus zu leben berufen sind (1 Petr 3: 16). Alle Christen dürfen erfahren, dass sie in ihrem Leben nicht allein sind, dass der Beistand Jesu sie führt (Mt 28: 20). Jesus will in einer innigen Gemeinschaft mit jedem Christen sein; in einer Gemeinschaft wie mit Gott, seinem Vater. In dieser Gemeinschaft will er persönlich mit jedem Christen in Verbindung sein und so auch in der Welt zugegen (Mt 18, 20). Diese österliche Gemeinschaft mit Jesus unterscheidet sich von der menschlichen Gemeinschaft in der Welt (Joh 14: 20). Deshalb könnten Zweifel und Fragen aufkommen, weil die Menschen normalerweise nur die Art der weltlichen Gemeinschaft kennen (Joh 14: 20). Die Menschen könnten am Anfang dieser spirituellen Gemeinschaft mit Jesus eine Enttäuschung empfinden, weil sie erstmal diesen Weg nicht so gut verstehen können, aber das Problem hat es eben auch schon bei den Aposteln gegeben.

Falls ich Zweifel an der Gemeinschaft mit Jesus habe, werden diese mir durch das Wirken des Heiligen Geistes genommen. Jesus sagte: *An jenem Tag werdet ihr erkennen, dass ich in meinem Vater bin und ihr in mir und ich in euch* (Joh 14, 20). Bis die Menschen dies erkennen werden sie immer wieder die Gemeinschaft mit Jesus mit einer weltlichen Gemeinschaft vergleichen und dadurch auf viele Probleme treffen, denn dieser Vergleich kann nicht verstandesmäßig getroffen werden.

Ich kann in meinem persönlichen Gebet mit Jesus sprechen und ihm begegnen, allerdings ist dies keine Definition der persönlichen Gottheit. Obwohl die Gemeinschaft mit Jesus ein Element des eigenen Herzens ist und Jesus von seiner Gemeinschaft zu den Menschen gesprochen hat (Joh 14: 16-18). Es stellt sich die

Frage: ist seine Gemeinschaft die Wirklichkeit in der Pfarrei, in der Gemeinde, in der Familie, im Bekannten- und Freundeskreis? Dazu sind im Grunde alle Menschen eingeladen. In einer Gemeinschaft des Gebetes ereignet sich die Gegenwart des auferstandenen Jesus. Diese Gemeinschaft spüre ich auch persönlich in einer Gemeinschaft mit den Mitgliedern der Gemeinde, und ich will diese Erfahrung in meinem Reden und Handeln verkünden. Natürlich kommt diese Verkündigung von dem, den ich selbst innerlich in meinem Gebet erlebt habe und von dem mein Verstand erfüllt ist. Ohne innerliche Erfüllung kommt keine erfolgreiche Verkündigung. Petrus lädt dazu die Christen ein und er sagt: *Heiligt den Herrn Christus in euren Herzen* (1 Petr 3, 15a).

Gottes Gegenwart manifestiert sich in allen sieben Sakramenten, in besonderer Weise dürfen die Christen Gottes Geist in der Firmung empfangen. Durch die Sakramente wird die Gemeinschaft mit Gott gegenwärtig. Jesus hat versprochen: *Wo zwei oder drei in meinem Namen versammelt sind, da bin ich mitten unter euch.* Diese zwei oder drei sind eine kleine Gemeinschaft der Gläubigen, die innerlich im Gebet vereint sind. Wenn ich eine Erfahrung beim Gebet erhalten habe, in dem ich Jesus begegnen durfte, nehme ich an, einen Auftrag erhalten zu haben, diese Erfahrung zu verkünden. Ich bin auch dafür verantwortlich, mein Gebet in meinem Haus zusammen mit der Familie und mit den Bekannten zu gestalten. Fast bei jedem Treffen bietet sich eine Gelegenheit für ein Gebet in Gemeinschaft. In der kleinen Gemeinschaft der Familie, im Kreis von Freunden und Bekannten ereignet sich die Begegnung mit Jesus Christus. Deshalb hat die Kirche zwei wichtige Traditionen: Das Gebet in der Kirche und das Gebet in der Familie. Was ich sehr oft erlebe, ist das Gebet in der Kirche; dort feiern die versammelten Christen regelmäßig ein Sakrament. Die zweite wichtige Tradition ist auch sehr bedeutsam in meinem christlichen Leben: nämlich, dass ich das Gebet in der Familie, im Bekannten- und Freundeskreis mit-gestalte. Das Gebet in kleinem Kreis ist die Fortsetzung der innerlichen Begegnung mit Gott und ein wichtiger Teil meiner Sehnsucht, weil die Seele immer die Gemeinschaft mit Gott sucht. Diese beiden Traditionen unterstützen die Christen, ihre eigene Spiritualität zu pflegen. Ich bin sicher, dass eine von diesen beiden Traditionen nicht ständig allein für sich bleiben kann. Es ist meine Mitverantwortung, in meiner eigenen Entschlossenheit im Gebet bestärkt zu sein, damit diese beiden Traditionen in meinem eigenen Leben lebendig werden können, damit ich die Gemeinschaft mit Christus erkenne und mich durch ihn führen lasse.

Mit der Hilfe Jesu darf ich beten, mich durch die Aussendung und die Gabe des Heiligen Geistes erneuern, darf ich weiter heranreifen und bin erfüllt von dieser Gabe, eine wertvolle christliche Persönlichkeit zu entfalten, um fest verankert in Jesu Botschaft in dieser Welt zu leben: „Segne mich bei jeder Eucharistiefeier und festige in mir, was durch die Sakramente grundlegend ist. Erfülle mich mit Freude über die Gabe des Heiligen Geistes und befähige mich täglich, ein mündiger und gläubiger Mensch zu sein. Steh mir bei, wenn ich schwach bin, sende deine Engel und den heiligen Geist zu meinem Beistand, dass ich in meiner Schwachheit deine Hilfe erfahre. Lasse meine Seele eine Einheit mit dir schaffen, wie du – Jesus - in der Liebe eins mit dem Vater bist".

Es ist mein persönliches Gefühl, meine Sehnsucht nach einer Einheit mit Gott, es sind meinen Gedanken, die mir helfen, eins mit ihm in meinem Leben zu werden. Mir ist es wichtig, dass ich mein Leben in Einklang mit ihm lebe. Von meinem Inneren heraus entwickelt sich meine Seele durch tägliche Freude, aber auch durch die eher dunkleren Episoden des menschlichen Daseins. Meine Stärke und Schwäche gehören zu mir: ich bin meine Stärke und meine Schwäche - ohne meine Stärke und Schwäche bin ich nicht da. Meine Schwäche mag ich nicht, deshalb kämpfe ich täglich gegen meine Schwäche an, damit ich meine

Stärke weiter stärken kann. In meiner Schwachheit bin ich aber nicht allein. Jesus führt mich in meiner Schwachheit hin zur Freude mit ihm. Ich will meine Schwachheit in mir sterben lassen, damit ich von meiner Sterblichkeit zur Heiligkeit gelange. In meiner Meditation unterwerfe ich mich Gott mit meiner Schwachheit und meinen weltlichen Gedanken und auf diese Weise lasse ich mich auf die Gnade der Eucharistie ein. Es kann ab und zu ein Kampf gegen mich selbst sein, aber die Freude der Einheit mit Gott motiviert mich, meinen irdischen Gedanken abzulegen. Jesus führt mich, mit Freude in Frieden mit meinem Leben und in Frieden mit Gott zu leben.

Ich freue mich auf das Fest der Auferstehung meines Anführers Jesus Christus. Ich bin in diesem Glauben getauft und lebe in diesem Glauben in einer Gemeinschaft von Gläubigen. Die Begleitung Jesu darf jeder Mensch bekommen, der eine Sehnsucht nach Gott hat. Ich lese in der Emmaus-Geschichte: obwohl die beiden Jünger nicht zu dem Zwölferkreis der

Apostel gehörten und sie nicht ausdrücklich in Jesu Namen versammelt waren, haben die Beiden nur über Jesus und alles, was sich in Jerusalem ereignet hatte, gesprochen; da kam Jesus in ihre Mitte, schenkte ihnen Erkenntnis der Wahrheit, des Friedens und der Freude durch seine Begleitung. In ihrer Bedrücktheit ist Jesus zu den Beiden gekommen, aber sie erkannten ihn zunächst nicht. Es kann eben auch mir passieren, dass ich mit Blindheit geschlagen bin, dass ich die Gegenwart Jesu Christi bei mir einfach nicht immer fühlen kann. Deshalb ist es mir immer wichtig, dass ich mich durch mein Leben und meine Sehnsucht auf die Gegenwart Jesu Christi konzentriere, um mein Erleben seiner ständigen Begleitung zu vertiefen.

Ich bin regelmäßig von dem Satz fasziniert: ... *brannte uns nicht das Herz in der Brust als er unterwegs mit uns redete* (Lk 24:32). Diese Begeisterung ist ein wesentlicher Teil meiner Sehnsucht. Diese Begeisterung ist sehr hilfreich für meine christliche Spiritualität. Ich möchte dieses Feuer haben, um das Ziel des

Herzens zu erreichen; denn dieses Feuer ist die innerliche Freude, die sich durch die Gegenwart des Jesus entwickelt. Ein verkümmertes, versteinertes und treuloses Herz kann diese Freude des brennenden Herzens nur sehr selten erhalten. Deshalb möchte ich als ein offener und flexibler Mensch leben, der versucht in der Liebe Gottes zu bleiben. Es ist eine Herausforderung, die ich liebe. Um diese Freude zu erreichen, bete ich täglich: *„komm Heiliger Geist, erfülle mein Herz mit dem Glauben und entzünde in meinem Herzen das Feuer der Freude deiner Gegenwart"*.

Manchmal denke ich nach über eine kindliche Meinung, die viele Christen in der heutigen Zeit haben: sie denken, dass sie ohne Mitfeiern der heiligen Messe, ohne Kenntnisse der Bibel, ohne Gebet in der Gemeinschaft der Kirche ebenso ein guter Christ sein können. Vielleicht können sie es schaffen, aber für mich ist es selbstverständlich, dass die Bibel eine wichtige Quelle für die Vertiefung meines Glaubens ist, dass die Gebete in einer Gemeinschaft eine Freude und Trost für mich sind und dass ich in der Eucharistiefeier die reale Präsenz Jesu erfahren kann. Es ist ein wesentlicher Bestandteil meiner Spiritualität geworden, dass ich in Gemeinschaft beten möchte, dass ich die Eucharistie zelebriere und ich täglich etwas aus der Bibel lese. Ich wünsche mir eine tägliche Eucharistiefeier, aber mittlerweile ist es nicht mehr so oft möglich. Dann ist es mir auch ein Anliegen und eine Gelegenheit für diese Menschen zu beten, die aus verschiedenen Gründen an der Eucharistiefeier nicht teilnehmen können. Jesus sagte beim letzten Abendmahl *„tut dies zu meinem Gedächtnis"*. Wenn ich diesen Teil des Textes lese, beweine ich das Leiden Christi. Dieser Auftrag Jesu hält mich nicht frei von dem Glaubenserlebnis zusammen mit der Gemeinschaft, sondern ermutigt mich vielmehr durch die Tiefe des Gottesdienstes und die Gotteserfahrung zusammen in und mit der Gemeinschaft neu überzeugt zu werden.

Ich bin nicht allein mit meiner christlichen Spiritualität und meinem täglichen Leben.

Jesus begleitet mich und geht mit mir; er schenkt mir die Gnade zur Entwicklung einer bleibenden Freude und Zuversicht. Jesus erfüllt in mir die Erkenntnis für das Wesen der Freude durch die Gnade des Heiligen Geistes. Gottes Geist schafft in mir spirituelles Leben, lässt mich Gott lieben, gibt mir Stimmung zum Beten; er erneuert mein Herz, um die Sünden zu bereuen, die mich von ihm trennen.

Ich nehme einen Teil meiner täglichen Zeit, um in der Liebe Gottes und in der Gnade des Heiligen Geistes zu wachsen. Als Anführer hat Jesus den Menschen verheißen, durch die Gabe, die er zugesagt hat, mitten unter den Menschen zu sein (Mt 28, 20). Diese Zusage Jesu mehrt meine Freude, dass Gott mich durch die Taufe in das Geheimnis des dreifaltigen Gottes hineingenommen hat (Joh 16, 15); dadurch hat er mir den ersten Anteil am geistlichen Leben gegeben und er schenkt mir durch die Sakramente die Kraft des Heiligen Geistes. Ich verstehe Jesus selber als diesen Geist (1 Joh 2, 1). Das ist einfach für mich zu verstehen.

Allerdings verstehe ich auch, dass der Heilige Geist von dem Wesen Gottes entspringt und eine Gabe aus dem Wesen des dreifaltigen Gottes ist (Joh 16, 15).

IV. Zustimmung

Mein erster Anteil am geistlichen Leben wurde durch die Firmung in besonderer Weise in meinem Leben bewusst besiegelt. Die Firmung hat mir ein sakramentliches Leben verliehen und meine Erkenntnis in der Gotteskindschaft, die ich durch die Taufe empfangen durfte, noch tiefer verwurzelt; es ermöglichte mir, mein Leben fester zusammen mit meinem Anführer zu gliedern, verstärkte meine Verbindung mit der Kirche und mit den vielen kirchlichen Gemeinschaften; es ermutigte mich, mich in den missionarischen kirchlichen Bewegungen zu engagieren und befähigte mich, durch meine Worte und Taten für den Glauben an Jesus Christus Zeugnis zu geben. Das Sakrament

der Taufe prägt allen Menschen christliches Leben ein, ebenso prägt die Firmung jedem Christen ein unauslöschliches Siegel des geistlichen
Zeichens ins Herz ein. Die menschliche Zustim-
mung gestaltet es oftmals so, sich an die Gabe
des Heiligen Geistes aktiv zu beteiligen oder e-
her passiv zu halten. Es bedeutet: wenn ich ein
entsprechendes Leben zum Geist des Herrn
durchhalte, wird die Gabe des Heiligen Geistes
in mir aktiv, wird es auch erkennbar durch
meine eifrige Tugend. Aber die Gabe des Geistes könnte auch in mir als passives Potential ru-
hen, wenn sich in mir entsprechende geistliche
tägliche Taten und Worte nicht ereignen. Deshalb würde ich sagen, dass dieses Siegel eine
Feststellung der geistlichen Möglichkeit für
meine normative Tätigkeit ist. Das unauslöschliche Siegel des Geistes, empfangen durch die
Firmung, kann durch meine täglichen Entschei-
dungen in mir geprägt werden, und dann wird
dieses unauslöschliche Siegel normativ in mir
durch die aktuelle Tätigkeit.

Dieses Siegel ermöglicht die Zusage Jesu als Beistand bei mir zu sein. Seine Anwesenheit verhilft meinem spirituellen Leben, sich zu entfalten und geistliche Frucht durch die sieben Gaben des Heiligen Geistes zu bringen. Ein Christ ist ein Empfangender der Gaben Weisheit, Einsicht, Rat, Stärke, Erkenntnis, Frömmigkeit und Gottesfurcht. Ich will mich bemühen mein Leben so zu gestalten, dass es diesen sieben Gaben entspricht, und ich möchte ein spirituelles Leben führen, um diese Gaben des Heiligen Geistes zu bewirken. Durch die Sakramente, insbesondere durch die Firmung, prägt Christus in meinem Herzen ein immerwährendes Siegel von ewigem Bund der Erlösung und bekräftigt seinen feststehenden Beistand, führt mein tägliches Leben und entfaltet sich durch die sieben Gaben des Heiligen Geistes, die den Menschen zum ewigen Leben begleiten. Ich will mich bemühen ein Leben zu führen, welches den sieben Gaben entspricht, obwohl ich vor Gott immer für Gaben des Heiligen Geistes als ein Empfangender bleibe. Meine spirituellen Bemühungen bereiten in mir einen Boden -

analog zum geistlichen Leben - wo die sieben Gaben sich in mir entfalten und Frucht bringen können. Wenn ich in meinem Leben keine ständige Bemühung aushalte, werden ebenso ständig die geistlichen Gaben in mir nicht wachsen. Allerdings ist es doch der Geist, der in mir bleibt, betet und Gott preist. Meine Aufgabe ist es, die tägliche Bemühung und eine Lebenseinstellung zu haben, wodurch die geistliche Tätigkeit ermöglicht werden kann. Oftmals weiß ich nicht, wie ich mich in rechter Art und Weise in meinen Gebeten ausdrücken kann. Der Geist hilft mir dann genau das, was ich nicht in konkrete Worte fassen kann, durch Seufzen und Denken anzudeuten. Mein Anführer, der meine Gedanken sieht, versteht was ich meine. Mein Lob und Preis können seine Ehre nicht vermehren, aber durch meine Bemühungen werden sich die sieben Gaben in meinem Leben verwirklichen. Das von Gott gegebene Geschenk wird eine innere helfende Kraft, die mich führt, um das tägliche geistliche Leben zu meistern, damit ich wesentliche persönliche Gaben für die spirituelle Entwickelung erhalte und weiterhin das Geschenk bekomme, in einer Gemeinschaft mit der Kirche zu leben. Jesus ist lebendig und wirksam durch die sieben Gaben des Heiligen Geistes und diese innere Kraft lässt mich ein Leib in Christus sein (Röm 12, 5). Durch diese innere Kraft Gottes ereignet sich das Heil Gottes nach 2000 Jahren in meiner Zeit sichtbar und wirksam und durch seine Gegenwart werden die Sakramente der Kirche auch in der Gemeinde lebendig.

Christus schenkt den Christen während der Eucharistiefeier den Geist der Einheit, die die Trennung der teilnehmenden Person von Gott wegnimmt, und er hält das geschwisterliche Leben mit der Gemeinschaft der universalen Kirche zusammen. Dieser Geist der Versöhnung wird eine innere persönliche Einheit für diejenigen, die daran teilnehmen. Dort kann eine Einheit der Gemeinde durch die Wirksamkeit des Geistes geschaffen werden. Manchmal könnten die von Menschen gemachten Strukturen eine solche Einheit verhindern. Mit der Hilfe des Heiligen Geistes werde ich mir allerdings der inneren Gottesgabe bewusst sein. Diese Erkenntnis, dass die Kraft Gottes in mir wohnt, gibt mir die Gewissheit, das Leben in dieser Welt zu meistern. Deshalb sagte Jesus *„Wer in mir bleibt und in wem ich bleibe, der bringt reiche Frucht; denn getrennt von mir könnt ihr nichts vollbringen* (Joh 15, 5). Für jedes gute Werk, das ich in diesem Leben tue, bedanke ich mich bei Gott, weil ich Gottes Gegenwart in jedem guten Werk sehe. Wenn ich Gott danke und lobpreise, geschieht auch ein wunderbarer Tausch meines weltlichen Gedankens mit dem himmlischen Gedanken, der für mich in einer Gemeinschaft mit Jesus ein sichtbares Zeichen für die Gegenwart Gottes darstellt. Ohne Gebet ist mein spirituelles Leben nichts. Jesus wird sichtbar und lebendig durch mein Reden und Tun, durch meine Beschäftigung in der Gemeinde und im Bekanntenkreis, in meinem Dienst und in meiner Freizeit. In all meinem dienstlichen Engagement möchte ich den anderen Menschen meine Erfahrung von Gott durch mein Gebet und Gespräch weitergeben und zugänglich machen. Diese Vermittlung geschieht nicht durch meine Kraft, sondern durch die Barmherzigkeit Gottes; aber ich bemühe mich täglich, damit es sich gut entfalten kann. Diese Gabe und die Vermittlung des Geschenks geschehen durch meine stetige Bemühung und durch meine Verbundenheit mit der Kirche. Ohne Verbindung mit der Kirche und ohne Gebete in der Gemeinschaft mit den Gläubigen hätte ich nie Christus wirklich kennen gelernt. Ich habe die Kirche als Ort von Gottes Gegenwart erlebt und im Vergleich mit den verschiedenen Mitarbeitern festgestellt, dass einige Mitarbeiter der Kirche viel besser als ein Zeuge Christi geeignet sind. Für jeden Christen sind die Angestellten der Kirche Instrumente Gottes, und durch die möchte Gott seine Botschaft verkünden. Christus ist der Begleiter und Führer für alle, die ihm folgen. Er schenkt den Menschen durch seine Barmherzigkeit die Gaben des Heiligen Geistes. Christus ist der Weg, die Wahrheit und das Leben. Allerdings gibt es mehrere Millionen Mitarbeiter der Kirche, die ganz vorbildlich als Wirkstätten des Heiligen Geistes ein geistliches Leben leisten.

Jesus Christus ist derselbe gestern, heute und morgen (Heb 13:8). Er lädt mich täglich ein, bei ihm zu sein. Er ist immer barmherzig und liebevoll. Ich will mich innerlich ändern und seine Einladung annehmen. Die innere Änderung wird oft als Bekehrung bezeichnet. Zusammen mit Jesus darf ich in meinem geistlichen Leben lebendig bleiben, tätig sein und die Freude seiner Botschaft verbreiten. Deshalb kann ich den Begriff Bekehrung auch als einen neuen Aufbruch in meinem Leben verstehen. Ich finde viele Stellen im Neuen Testament, in denen über einen neuen Aufbruch berichtet wird. Ich sehe einen neuen Aufbruch der ersten Jünger in dem Bericht des heiligen Evangeliums nach Markus: *denn als Jesus am See von Galiläa entlang ging, sah er Simon und Andreas, den Bruder des Simon, auf dem See ihre Netze auswerfen; sie waren nämlich Fischer. Da sagte er zu ihnen: Kommt her, mir nach! Ich werde euch zu Menschenfischern machen.*

Und sogleich ließen sie ihre Netze liegen und folgten ihm nach. Als er ein Stück weiterging, sah er Jakobus, den Sohn des Zebedäus, und seinen Bruder Johannes; sie waren im Boot und richteten ihre Netze her. Sogleich rief er sie und sie ließen ihren Vater Zebedäus mit seinen Tagelöhnern im Boot zurück und folgten Jesus nach (Mk 1,16-20). In dem Brief an die Korinther versucht Paulus die Gläubigen mit einer himmlischen Begründung zu ermutigen, weil sie viele Probleme hatten und sich rechtfertigen wollten. Er verkündete mit lauter, wacher Stimme, damit sie wach würden: *Gelobt sei Gott, der Vater unseres Herrn Jesus Christus, der Vater der Barmherzigkeit und Gott allen Trostes, der mich tröstet in aller meiner Trübsal, damit ich auch trösten kann, die in allerlei Trübsal sind, mit dem Trost, mit dem ich selber von Gott getröstet werde* (2 Kor 1:3-4). Es ist ein tröstendes Wort für mich und auch für jeden Menschen, damit ich mich fest und unerschütterlich mit dem Werk des Herrn beschäftige, denn ich weiß, dass meine Arbeit und mein geistliches Leben in dem Herrn nicht vergebens sind (1 Kor 15:58).

Um wach zu werden und aufmerksam zu bleiben, könnten wir aufeinander Acht geben und einander zur Nächstenliebe und zu guten Werken ermutigen und die Versammlung mit der Gemeinde nicht geringschätzen, wie einige zu tun pflegen, sondern einander unterstützen; und das umso mehr, als dass ich sehe, dass sich der Tag naht (Heb 10:24-25), weil da, wo man arbeitet ein Gewinn ist; wo man aber nur mit Worten umgeht, da ist Mangel (Sprüche 14:23). Deshalb sagt mir der Geist des Herrn: *wachet, steht im Glauben, seid mutig und seid stark* (1 Kor 16:13).

Durch die Barmherzigkeit Gottes bin ich berufen worden, Jesus Christus nachzufolgen. Wenn ich versuche, in der Gnade zu leben, hilft mir Jesus zu erkennen, dass die Stunde da ist, aufzustehen vom weltlichen Schlaf, denn mein Heil ist jetzt näher als zu der Zeit, da ich gläubig wurde; da die Nacht vorgerückt ist, der Tag nahe herbeigekommen ist. *So will ich ablegen die Werke der Finsternis und anlegen die Waffen des Lichts* (Rom 13, 11- 12). Ich weiß, dass alles, was offenbar wird, Licht ist. Darum heißt es in dem Brief an die Epheser: *Wach auf, der du schläfst, und steh auf von den Toten.* Geistlich tote Menschen sind geistlich inaktive Menschen; durch meinen Versuch und meine Bemühung wird mich Christus durch seine Gnade erleuchten. Denn dadurch werden seine stützenden Hände mich weiterreichen, und ich werde nun sorgfältig darauf sehen, wie ich mein Leben führe, nicht als Unweise, sondern als Weise (Epheser, 5, 14-15).

Ich möchte, dass meine Spiritualität ein ununterbrochener Versuch ist. Deshalb bemühe ich mich, immer zu beten und in Verbindung mit Jesus zu bleiben. Beten ist wie eine Regel, die mich bewahrt. Diese Regel möchte ich im Herzen und auf der Zunge tragen, dass sie mich leite, wenn ich unterwegs bin und auch wenn ich arbeite; damit ich seine Gegenwart spüre, auch wenn ich anders beschäftigt bin, denn mein Herz wird zu mir sprechen und mich ermutigen. *Denn das Wort des Geistes ist eine Leuchte und die Weisung ein Licht, und die Ermahnung ist der Weg des Lebens* (Sprüche 6:22-23).

Jesus hat mich berufen, ihm zu folgen, ein Teil seines Volkes zu sein und in der Freiheit in seiner Gnade zu leben. Darum sagt Jesus zu mir in der Stille meines Herzens: Wach auf - wach auf, lieber Mensch, zieh dich an, nutze deine Stärke! Schmücke du dich herrlich, lieber Mensch, du bist eine heilige Wohnung! Denn es werden hinfort keine falschen Leute zu dir gelangen. Schüttelt den Staub aller falschen Gedanken, Argumente, Rechtfertigungen und Ärger ab, steht auf, bleibt in Verbindung mit dem Tempel des Herrn und mit der Botschaft der Heiligen Schrift. Mache du dich los von den Fesseln der menschlichen Begründung und der Erwartung von den Menschen! Du bist umsonst gerettet, du solltest auch ohne dein Vermögen und Eigentum ausgelöst werden (Jesaja 52: 1-

3). Dafür benötige ich den Mut, mich zu ent-scheiden für das Wort Gottes wie im Psalm steht: Ich aber will dein Antlitz in Gerechtigkeit schauen, ich will satt werden, wenn ich erwache, an deinem Bilde, lieber Gott (Psalm 17, 15). Wenn ich vom menschlichen Schlaf wach werde, kann es passieren, was Jakob passiert ist: *Als nun Jakob von seinem Schlaf auf-wachte, sprach er: Tatsächlich, der Herr ist an dieser Stätte, und ich wusste es nicht! Und er fürchtete sich und sprach: Wie heilig ist diese Stätte! Hier ist nichts anderes als Gottes Haus, und hier ist die Pforte des Himmels* (Genesis 28,16).

Ich bemühe mich, meinen Mut zum Glau-ben zu stärken und bemühe mich über Jesus zu sprechen, um die Menschen, denen ich be-gegne, mit der Botschaft Jesu zu erleuchten, damit sie Jesus kennen lernen und wachsam werden für Ihr spirituelles Leben. Einmal sagte Jesus: *Lazarus, unser Freund, schläft, aber ich gehe hin, dass ich ihn aufwecke* (Johannes 11:11). Ich mag es, wenn ich die Zeit habe oder eben nach Terminvereinbarung Freunde und Bekannte und alle Menschen, die ich kenne, ab und an zu besuchen und diese Gelegenheiten zu nutzen, über die Kirche und über Jesus zu sprechen, und ich lade sie zum Gebet mit der Gemeinde ein. Oft finden die Menschen wegen ihrer Arbeitsbedingungen keine Zeit, dann biete ich ihnen an: versuchen Sie bitte einmal im Monat eine Stunde für Gott zu opfern. Fast alle sagen dann, dass sie das doch schaffen würden. Ich freue mich, die heilige Messe zu feiern und die anwesende Gemeinde im Gottesdienst zu begrüßen. Im Gebet versuche ich, alle meine Fragen, Sorgen und Probleme vor Gott zu bringen, damit ich seinen reichen Segen empfangen darf. (Matthäus 8: 24-25).

Ich bin sehr dankbar für die Gemeinschaft der Kirche, die wie ein Brunnen ist, wo ich viel von Jesus lernen kann und die Kraft für geistliches Leben durch die Gegenwart Jesu in den Sakramenten erhalten darf. Es ist wie ein Brunnen, von dem ich die Kraft schöpfen kann. Meine Beteiligungen und mein Mitwirken durch die Sakramente verwirklicht in mir die unsichtbare Gnade Jesu Christi und lässt sie sichtbar werden. Durch die Sakramente geschieht in mir ein wunderbarer Tausch von weltlichem Leben zu geistlichem Leben, in dem ich das Wesen Jesu Christi erleben kann.

Das Sakrament der Eucharistie reinigt meine Gedanken, erfüllt mein Wesen mit brennender Sehnsucht nach Christi Nachfolge. Christus ist der Weg, die Wahrheit und das Leben. In meiner Sehnsucht nach Christus wird durch die Gnade des Sakraments mein Verstand entzündet, dadurch werde ich in Christus die Wahrheit und das Leben finden. Jesus wird mich als Wegbegleiter trösten und meinen Verstand erleuchten, damit ich die Wahrheit verstehe und danach lebe. Wenn ich mich bemühe, mein Wesen mit aktiver Sehnsucht nach Christus zu entwickeln und wenn mein Verstand durch die Gnade Gottes entzündet ist, beruft mich Jesus zu einem Bund: dass ich ein Sauerteig seiner Botschaft der Liebe werde, um das göttliche Leben in mir selbst und in den Menschen zu offenbaren.

Wenn ich das göttliche Leben in mir erkenne, entwickelt sich eine Gemeinschaft mit Jesus und in dieser Gemeinschaft wird mein geistliches Leben lebendig. Wenn ich bete, schenkt mir Jesus die Gnade, in seiner Gemeinschaft zu leben. Die Seligpreisungen der Bergpredigt sind zunächst eine Zusage von Gnade und Heil für die mögliche göttliche Gemeinschaft. Gott sagt sein Heil zu, wo etwas der Heilung bedarf.

Ich werde in der Lage sein, das Heil Gottes zu verstehen und zu erklären, wenn ich auch selber an der praktischen Umsetzung dieser Werte der Botschaft Jesu beteiligt bin. In den Seligpreisungen Jesu lerne ich, dass es nicht gut wäre, wenn die Reichen noch reicher werden, die Fröhlichen noch fröhlicher werden, die Freien noch freier werden, die Gesunden noch gesünder werden. Die Armen dürfen auch in der Gnade Gottes die Freude empfangen.

Natürlich sind die Seligpreisungen auch eine moralische Weisung an mich. Ich will andere Menschen durch meine Art und Weise trösten, mich bemühen, gewaltlos und barmherzig zu sein, bestrebt sein, Frieden zu stiften und gegen Ungerechtigkeit das zu tun, was möglich ist. Meine moralische Prägung möchte ich gegenwärtig halten, dann werden die Menschen, denen ich begegne, den Trost der Botschaft Jesus erleben.

Die Gemeinschaft mit Jesus bricht überall dort an, wo die Menschen ihm folgen und seine Botschaft verkünden im Tun und Reden, wo Menschen einander helfen und trösten. Das Buch der Könige berichtet, dass ein Rabe den Propheten Elija ernährt hat (1 Könige 17:6). Heute sendet Jesus alle, die seiner Botschaft folgen, als Boten, damit sie den armen Menschen - so wie der Rabe - helfen und ernähren.

Wenn ich das tue, was Jesus mir befohlen hat, gibt er mir Brot und Wasser für mein Leben. Ich lebe seine Botschaft zusammen mit der Kirche.

Es ist eine bekannte Tradition der katholischen Kirche im liturgisches Jahreskreis das öffentliche Fest der Kommunion nach dem Fest der Dreifaltigkeit und dem Pfingstfest zu feiern. Bei dem öffentlichen Fest der heiligen Kommunion zelebriert eine Pfarrei ein Fest der Gemeinschaft. Als getaufte Person bin ich zu der Gemeinschaft der Dreifaltigkeit zusammen mit den Gläubigen eingeladen. Während meiner Teilnahme an der Eucharistiefeier bin ich bei der Kommunion zur besonderen geistlichen Gemeinschaft mit Jesus eingeladen. An Fronleichnam zelebriere ich zusammen mit der Gemeinde öffentlich das Fest meiner Gemeinschaft mit Jesus Christus und die Freude des gemeinschaftlichen Lebens miteinander mit den Mitgliedern der Pfarrei. Dieses Fest ermöglicht meine innerliche Vorbereitung zur öffentlichen Verkündigung der Versöhnung mit Jesus und der Gemeinde, weil Fronleichnam mich daran erinnert, dass ich auch eine Wohnstatt Gottes bin; deshalb möchte ich mich mit der Pfarrei versöhnen und um Erbarmen Gottes bitten, damit meine Beziehung zu den Mitgliedern der Pfarrei, zu den Bekannten und Freunden und die Beziehung zu Jesus Christus gesund bleibt.

Im Grunde genommen stellt diese Versöhnung miteinander und untereinander mein Verstand her, dass Jesus Christus in mir wohnen möchte, der zu mir gekommen ist, um mich mit dem dreifaltigen Gott zu versöhnen. Dieser Jesus, der Friedensstifter ist, hilft mir den Sinn meines Lebens in der Einheit mit ihm zu verstehen, und dadurch befähigt er mich zur Versöhnung. Jesus führt mich durch diese Versöhnung mit Gott und untereinander zum ewigen Leben. Er bleibt mitten unter uns in der Gemeinschaft des Festes, insbesondere in der Eucharistie ganz persönlich für mich und für jeden. In der Eucharistie zelebriert die Gemeinde mit, dass Jesus für sie im Brot des Lebens und im Kelch der Freude das Zeichen der Einheit mit dem dreifaltigen Gott ist, dass er ein Bund der Versöhnung ist, dass er uns eine Lehre der Liebe durch sein Leiden und seinen Tod gegeben hat.

Im Sakrament des Altares zelebriere ich zusammen mit der Gemeinde das Gedächtnis des Leidens Jesu und seiner Auferstehung. Jesus, der gute Hirt, schenkt der Gemeinde und mir die Gnade, ihn in seinem eucharistischen Leib und Blut zu verehren; er wird mir zusammen mit der Gemeinde die Gnade der Erlösung im täglichen Leben zuteilwerden lassen.

Ich verstehe - gleichlautend mit der Lehre der Kirche - das Fest Fronleichnam als Hochfest des Leibes und Blutes Christi. Der Name Fronleichnam heißt Leib des Herrn. Die Gemeinde versammelt sich außerhalb des üblichen Ortes zum Gebet, und sie ziehen in einer Prozession mit dem Allerheiligsten in der Monstranz, dem Leib des Herrn, dem kostbaren Gut. Bei jeder Eucharistie darf ich den Leib des

Herrn empfangen. Bei der öffentlichen Prozession an Fronleichnam nach der heiligen Messe erinnere ich mich zusammen mit der Gemeinde nochmal, dass Jesus für die Menschen seinen Leib hingegeben hat, dass er sein Blut zur Vergebung der Sünden vergossen hat. Fronleichnam ist ein erweiterter Teil der Eucharistiefeier, weil der eigentliche zentrale Teil dieses Fests das Abendmahl von Jesus Christus ist. Der besondere Charakter dieses Festes ist Weiterführung des Abendmahles. Dabei bemühe ich mich zu verstehen, dass Jesus mich ins Leben führt. Während der Prozession meditiere ich über die Führung des Jesus Christus, der sagte, *Ich bin bei euch alle Tage bis zum Ende der Welt* (Matthäus 28:20).

Ich zelebriere Eucharistie in österlicher Freude, in der Brot und Wein für die Hingabe Jesu am Kreuz stehen. Die Gnade des Sakramentes hilft mir, die wahre Bedeutung dieses Brotes zu erkennen, nämlich dass die Eucharistie für mich die Offenbarung der bleibenden

Liebe des dreifaltigen Gottes ist und meine Erlösung zum ewigen Leben bedeutet. Jesus
selbst ist dieses Brot. Er ist wahrhaftig anwesend in der Gestalt des Brotes, und wenn ich
dieses Brot empfange, empfängt meine Seele
das Heil der Gnade Gottes und verbindet mich
mit Jesus. Die Eucharistiefeier nährt und stärkt
meine Gottverbundenheit und meine Verbundenheit mit der Gemeinde in dieser Welt, in diesem vergänglichen Leben. Gemeinsam mit der
Gemeinde gehe ich den Weg der Jesusnach-
folge und bereite mich zusammen mit der Gemeinde für die größere Freude vor, die Jesus
mir schenken wird.

V. Bewusstsein

Jesus als Anführer sagt mehrmals zu seinen Jüngern, *Fürchtet euch nicht* (Mt 10). Ich
bin der Meinung, dass die Christen immer wieder über die Bedeutung dieses Wortes nachdenken könnten, um die Fürsorge Jesu für alle,

die ihm folgen zu begreifen. Nach seiner Auferstehung sagte er: *Friede sei mit euch (Jn 20).* Die Bedeutung von diesen beiden Aussagen klingt ähnlich. Nach dem Tode Jesu waren seine Jünger Ahnungslose und sie erlebten schreckliche Unruhe. Sie wussten nicht, wie es weitergehen sollte. An dieser Stelle kommt Jesus und spricht den Friedensgruß, damit ihre Furcht weggeht und sie von der Unruhe befreit und geheilt werden. Jesus hat seinen Friedensgruß mehrmals fürsorglich wiederholt und somit verfestigt er die Hauptaussage: ich bin da. Der Friedensgruß betont mit Nachdruck, dass Jesus als Anführer die Jünger weiter begleiten möchte; der innere Frieden, die Stille des Herzens ist- eine der Voraussetzungen für alle Menschen, die den auferstandenen Jesus Christus tiefer erfahren wollen. (Mt 10:26-33). Jesus Christus will seine Jünger mit einem Wort des Trostes und der Zuversicht ermutigen und ihnen eine innere Orientierung geben.

Wie ist es in der Zeit der Corona-Pandemie 2020 möglich, auf Gott und diese verborgene Botschaft jeden Tag zu vertrauen? Viele Menschen fühlen die Angst als einen ständigen Begleiter ihres Lebens. Menschlich gesehen können wir es auch verstehen, dass Menschen Angst vor Krieg, Terroranschlägen und schweren Krankheiten haben. Im Angesicht des Todes ruft Jesus den Menschen zu: *Fürchtet euch nicht.* Christen sind deutliche Optimisten, weil sie sich im Glauben mit Jesus Christus verbunden wissen, dass eben alle Haare auf ihrem Kopf gezählt sind (Mt 10: 30) und der fürsorgende Gott, der die Menschen führt, um jede kleinste Einzelheit der Menschen weiß. Allerdings ist es nicht so einfach, dem Spruch: *Nichts geschieht, ohne den Willen Gottes,* zu vertrauen (Mt 10, 29). Jesus will als Anführer nur das Beste für die Menschen, er führt und leitet uns zum ewigen Leben. Oft empfinde ich es als eine schwierige Herausforderung, Leiden zu erklären, aber ich bin sicher, dass die Gerechtigkeit Gottes das Warum kennt; Jesus hat selbst Leid und Tod auf sich genommen. Es ist eine Herausforderung, die Rechtfertigung von Gott und seiner Führung in Bezug auf die von ihm zugelassenen Übel ständig in Einklang mit dem Glauben an seine Allmacht, Weisheit und Liebe zu bringen.

Gott führt jeden Menschen persönlich, sagte Jesaja zu Israel. *Fürchte dich nicht, denn ich bin bei dir; hab keine Angst, denn ich bin dein Gott. Ich helfe dir und mache dich stark, ich halte dich mit meiner rettenden Hand* (Jes 41: 10). Ich darf in besonderer Weise das prophetische Wort (Jes 43:1) auf mich beziehen: *Fürchte dich nicht, denn ich habe dich befreit, ich habe dich beim Namen gerufen, du bist mein.* Zu einer Gemeinde, die Jesus nachfolgt, gilt das Wort *fürchte dich nicht, du kleine Herde! Denn euer Vater hat beschlossen, euch das Reich zu geben* (Lk 12, 32).

Denselben Frieden verkündet der Engel nach der Geburt Jesu den Hirten auf dem Feld: *Fürchtet euch nicht, denn ich verkünde euch*

*eine große Freude, die dem ganzen Volk zuteil-
werden soll* (Lk 2, 10). Diese frohe Botschaft,
die die Engel, Propheten und Jesus sagten,
trägt mich, die Kirche und die ganze
Menschheit. Ich darf Mut und Trost in Gott
finden, weil er unser Gott ist (Jes 35, 4). Das
Wort Gottes "fürchtet euch nicht" verkündet
Jesus selbst, der uns auch sagte: *Ich bin bei
euch alle Tage bis zum Ende der Welt* (Mt 28,
20). Im Psalm 118, 5-6 lesen wir: *In der Bedrängnis rief ich zum Herrn; der Herr hat mich
erhört und mich frei gemacht. Der Herr ist bei
mir, ich fürchte mich nicht.* Dieser Psalm bringt
viele irdische Erfahrungen der Menschen im
Gebet zum Ausdruck und ermutigt die Menschen zu einem furchtlosen Vertrauen.

Durch die Verbindung mit Jesus bin ich
froh und dankbar für die Arbeit, die ich leisten
kann und die ich durch Jesus schaffen möchte.
Dieses Verständnis stärkt mich in dem Bewusstsein, von Gott geliebt zu werden und
wohlbehütet zu sein. Ich bitte meinen Anführer
um Hilfe in meiner Schwachheit, in meiner

Krankheit und mit meinem Kreuz und ich versuche, in ihm Liebe, Trost und neue Kraft zu erkennen. Paulus sagte: *geistlich gesinnt sein ist Leben und Friede* (Rom 8:6) Ich verstehe, dass der Friede eine Frucht des Geistes ist und ich bete täglich für diese Fähigkeit, damit ich durch mein Tun und Reden diesen Frieden stiften darf. Viele Menschen bitten um die Gnade Gottes, um diese Frucht des Friedens, damit Gott den Menschen die Fähigkeiten schenkt, um Hass und Kriege zu beenden. Es ist meine Hoffnung, dass durch die geistliche Arbeit der Kirche und durch die Gnade Gottes vielen Menschen reichlicher Frieden zuteil wird. Jesus Christus zeigt sich den Gläubigen in der Eucharistiefeier in den Gestalten von Brot und Wein, den Zeichen des Friedens und der Einheit. Jede Person, die an der Eucharistie teilnimmt, darf ihre Nöte, Ängste und Probleme vor dem Altar als Opfer im Gebet abgeben, damit sie mit dem Segen Gottes ihren Frieden findet. Der Herr wird uns heilen, seinen beschützenden Frieden schenken, uns Vertrauen und Zuversicht geben.

Es ist ein Grund, warum ich immer dem treuen und barmherzigen Gott durch Jesus Christus, meinem Anführer und Begleiter, danken möchte, denn er hat immer ein Herz für mich. Obwohl ich in meiner Spiritualität arm und schwach bin, führt er mich durch seinen Geist. Sein Leben und seine Botschaft lehrt und begleitet mich wie ein guter Vater und eine liebende Mutter. Gepriesen sei sein Name, der immer mit mir auf meinem Weg ist. Alles, was er tut, ist gut, denn was er tut, kommt von seiner Liebe; ich vertraue ihm und ich lasse mich immer von ihm leiten.

JE-SUS bedeutet auf Hebräisch: Gott rettet. Als Retter lädt er mich ein, sich ihm anzuvertrauen. Ich bin selbst für mein Leben verantwortlich. Gott möchte nicht nur mein Gebet, sondern auch meine Taten sehen. Deshalb sagte Jesus: *Alles, was ihr von anderen erwartet, das tut auch ihnen.* (Mt: 7:12). Diese Regel wird oft bezeichnet als die Goldene Regel von der Bergpredigt aus dem Matthäusevangelium, denn dieses Wort Jesu ist die Zusammenfassung von allem, was Gott von den Menschen will. Im Grunde genommen können wir tun, was die anderen erwarten, wenn wir unsere Nächsten lieben (Mk 12:31). Darum hat Paulus nochmals die Liebe betont, als er schrieb: *alle anderen Gebote sind in dem einen Satz zusammengefasst: Du sollst deinen Nächsten lieben, wie dich selbst (Gal 5:14).* Die Gemeinschaft mit Jesus öffnet den Menschen die Tür zum Leben in Liebe. Jesus hat seinen Jüngern zugesagt: *Ich bin die Tür; wer durch mich hineingeht, wird gerettet werden (Joh 10: 7-9).* Dieser Weg führt die Menschen zur himmlischen Tür und zum ewigen Leben.

Jesus hat eine neue Erklärung für das Gebot Gottes im Alten Testament zusammengefasst und er hat in diesem Sinne ein neues Gebot der Liebe verfasst. *Du sollst den Herrn, deinen Gott, lieben mit ganzem Herzen und ganzer Seele, mit all deiner Kraft und all deinen*

Gedanken, und: Deinen Nächsten sollst du lieben wie dich selbst (Lk 10, 27). Was wir heute als Zeichen dieser Liebe haben, ist das Kreuz Jesu Christi. Im Alten Testament, wenn der König Buße tat, wollte er sich und sein Volk dem Gesetz Gottes unterstellen, so hat er dem Bundesbuch entsprechend, einen Bund mit Gott geschlossen und somit tat auch sein ganzes Volk (2 Kön 23). Aber durch das Kreuz Jesu Christi sind es nicht die Menschen, die den Bund schließen. Gott schließt einen Bund mit den Menschen, und er nimmt die Menschen in diesen Bund seiner Liebe hinein. Jeder Mensch ist dazu eingeladen, diese Liebe in sich aufzunehmen. Wenn ich diese Einladung annehme, entwickele ich mich in der Liebe Gottes und darf diese Liebe Gottes an andere Menschen weiterschenken. Jesus sagte: *bleibt in mir und ich bleibe in euch. Wie die Rebe aus sich keine Frucht bringen kann, sondern nur, wenn sie am Weinstock bleibt, so auch ihr, wenn ihr nicht in mir bleibt (Jn 15:4).* Jeder Christ kann täglich beten für Ermutigung, um in der Liebe Gottes fest verankert zu bleiben und sich bemühen, diese Liebe in der Kirche weiter zu geben.

Als ich klein war, habe ich meinen Eltern immer bei der Gartenarbeit geholfen. Meine Ausbildung zum Priester dauerte fast 13 Jahre. Während dieser Zeit war es üblich, in der Regel eine Stunde täglich zusammen mit anderen Kollegen im Garten zu arbeiten. Ich dachte oft über meine damaligen Probleme nach, wenn ich im Garten arbeitete. Ich nannte alle Pflanzen Unkraut, die ich nicht haben wollte. Allerdings würde der Naturwissenschaftler das nicht tun, weil Naturwissenschaftler anders über Pflanzen denken und sie auch anders verstehen.

Wenn Menschen aus verschiedenen Gründen zwischen Menschen unterscheiden, Menschen mit verschiedenen Titeln und Menschen mit verschiedenen Religionen, gibt es Probleme, weil sie nicht verstehen, was sie tun. Meiner Meinung nach ist davon das

Schlimmste die Denkweise von der Evolution des Charles Darwin. Der Evolutionstheoretiker hält einige Menschen für Halbmenschen oder für etwas nur Menschenähnliches. Diese Evolutionstheorie hat die Denkweise von vielen Leuten beschädigt und nachhaltig geändert. Heute müssen wir damit umgehen, weil diese Theorie in der Schule unterrichtet wird. Mit der Konsequenz, dass viele Leute innerlich von anderen Leuten weniger akzeptiert werden.

Die Bibel verkündet anders: Jeder Mensch wurde als ein Abbild Gottes erschaffen (Eph 4, 24). Also ist die Würde jedes Menschen gleich. Frau oder Mann, sie haben dieselbe Würde. Jeder Mensch hat den Keim in sich, in der Ewigkeit in der Herrlichkeit Gottes zu leben, die der Mensch durch seine Gestaltung des Lebens empfangen darf.

Durch die Botschaft Jesu verstehe ich, dass ich auch ein Gotteskind bin. In der Taufe besiegelt sich diese Botschaft, und ich darf Anteil an der Erlösungstat von Jesus Christus haben, die den Menschen durch Jesu Leiden und Auferstehung geschenkt wurde. Durch die Taufe wurde mir ein neues Leben geschenkt. Das Wasser ist ein Sinnbild für das Leben, so ist die Taufe ein sichtbares Zeichen für das Wirken des Heiligen Geistes.

Allerdings kann das Leben mit Gott und in Gott sich verändern und verkümmern. Wenn ich meine spirituelle Entwicklung nicht fördere, kann mein Leben sich nicht in Gott entfalten. Das Leben kann durch die Art und Weise meines Tuns und Redens gleich wie ein Samen reiche Frucht oder keine Frucht bringen.

Die Bücher, die ich lese, die Freunde und Bekannten, mit denen ich mich unterhalte, die Gemeinschaft in der Pfarrei, die Beziehung zu der Familie und zu Verwandten, helfen mir, mein geistliches Leben mit Jesus Christus zu entfalten.

Worin ich mich unbedingt immer wieder üben muss, ist die Treue und meine Freundschaft zu Jesus. Meine Treue darf nicht so sein, wie im Buch Hosea steht: *„Eure Liebe ist wie eine Wolke am Morgen und wie der Tau, der bald vergeht* (Hos 6, 4). Meine Beziehung zu Jesus will so sein, wie Paulus schreibt: *Die Liebe hört niemals auf* (1 Kor 13, 7). Ich versuche täglich, in der Freundschaft mit Jesus zu leben. Diese Freundschaft mit Jesus trägt auch das tägliche Kreuz, um bis zum Tod reiche Frucht zu bringen.

Ich darf im Glauben zu Jesus beten: *Herr Jesus, du hast in mir den Samen deines Wortes ausgesät, lass mich mich zurückziehen vom weltlichen Denken, damit der Same deines Wortes nicht von den Sorgen dieser Welt unterdrückt und vertrocknet werde, gib mir täglich deine Gnade, damit ich mit Demut und Fröhlichkeit reiche Frucht bringe.*

VI. Zuversichtliche Erwartung

Es gibt viele Menschen, die ein christliches Leben führen. Es gibt auch viele Frauen und Männer, die als Ordensmitglieder oder als Priester ein zölibatäres geistliches Leben in der Christusnachfolge führen. In beiden Lebensweisen verzichten die Menschen auf viele Dinge, wie eigene Zeit, eigene Wünsche, eigene Interessen, eigenes Geld und vieles mehr. Diejenigen, die ein zölibatäres Leben führen, verzichten auch auf eine eigene Familie. Viele erklären zölibatäres Leben als eine Art der Berufung; aber ich würde sagen, dass bereits ein christliches Leben eine Berufung ist. Alle Christen bemühen sich bereit zu sein, auf viele Dinge in diesem Leben zu verzichten, um ein christliches Leben zu führen. Um den Ruf Jesu zu hören und alles zu verlassen, benötigen die Menschen viel Kraft und die Gnade Gottes. Über die Ehelosigkeit der Priester und der Ordensleute gibt es in der Kirche eine andauernde Diskussion, die verschiedenen Meinungen mit der Tradition der Kirche einheitlich- und verbindlich zu sehen. Eine endgültige Entscheidung über die Veränderung der Tradition der Kirche wurde noch nicht von der katholischen Kirche getroffen.

Nach dem heiligen Evangelium lesen wir: *Jeder, der um des Reiches Gottes willen Haus oder Frau, Brüder, Eltern oder Kinder verlassen hat, wird dafür schon in dieser Zeit das Vielfache erhalten und in der kommenden Welt das ewige Leben.* (Lk 18, 29) *„Wer Vater oder Mutter mehr liebt als mich, ist meiner nicht würdig, und wer Sohn oder Tochter mehr liebt als mich, ist meiner nicht würdig* (Mt 10, 37). Jesus möchte, dass sich alle Menschen mit himmlischen Dingen beschäftigen, deshalb fragte er Petrus dreimal: Liebst du mich? Christusnachfolge ist eine innere Orientierung und fundamentale Prägung. Jesus will nicht, dass die Menschen ihre Verantwortung in dieser Welt nicht wahrnehmen, sonst hätte er nicht als zweite wichtige Regel aufgetragen, die Nächsten so zu lieben wie sich selbst.

Im ersten Korintherbrief findet man eine einfache Erklärung über den allgemeinen Sinn der geistlichen Ehelosigkeit von Paulus: *Was aber die Unverheirateten betrifft, so habe ich kein Gebot vom Herrn. Ich gebe euch nur einen Rat als einer, den der Herr durch sein Erbarmen vertrauenswürdig gemacht hat. Ich meine, es ist gut wegen der bevorstehenden Not, ja, es ist gut für den Menschen, so zu sein. Bist du an eine Frau gebunden, suche dich nicht zu lösen; bist du ohne Frau, dann suche keine! Heiratest du aber, so sündigst du nicht; und heiratet eine Jungfrau, sündigt auch sie nicht. Freilich werden solche Leute Bedrängnis erfahren in ihrem irdischen Dasein; ich aber möchte sie euch ersparen. Denn ich sage euch, Brüder: Die Zeit ist kurz. Daher soll, wer eine Frau hat, sich in Zukunft so verhalten, als habe er keine, wer weint, als weine er nicht, wer sich freut, als freue er sich nicht, wer kauft, als würde er nicht Eigentümer, wer sich die Welt zunutze macht, als nutze er sie nicht; denn die Gestalt dieser Welt vergeht. Ich wünschte aber, ihr wäret ohne Sorgen. Der Unverheiratete sorgt sich um die Sache des Herrn; er will dem Herrn gefallen. Der Verheiratete sorgt sich um die Dinge der Welt; er will seiner Frau gefallen. So ist er geteilt. Die unverheiratete Frau aber und die Jungfrau sorgen sich um die Sache des Herrn, um heilig zu sein an Leib und Geist. Die Verheiratete sorgt sich um die Dinge der Welt; sie will ihrem Mann gefallen. Dies sage ich zu eurem Nutzen: nicht um euch eine Fessel anzulegen, vielmehr, damit ihr euch in rechter Weise und ungestört immer an den Herrn haltet (1 Kor 7, 25-35).*

Ehelosigkeit der Priester ist ab und zu ein interessantes Thema. Für katholische Leute ist es selbstverständlich. Aber es gibt viele Menschen, die nicht wissen, dass der katholische Priester nicht heiratet. Es ist immer eine freiwillige Entscheidung. Ich denke auch daran, dass es so viele Menschen in der Kirche gibt, die täglich das Kreuz dieses Lebens zusammen mit ihrer Familie tragen und auf der Christusnachfolge mitnehmen. Es gibt so viele Frauen, Männer und Kinder, die im Angesicht des Todes mit aufopfernder Gesinnung als Christen leben. Viele Menschen engagieren sich in der Kirche, obwohl sie beruflich anders tätig sind. Alle Getauften sind dazu berufen, die Verwirklichung der Worte Jesu in ihrem Leben zu erfahren.

Einige Christen haben hohe Erwartungen an Priester und sie denken, meiner Ansicht nach, etwas zu viel über die priesterliche Berufung nach, zum Beispiel dass diese mit einer wahnsinnigen Ausstrahlung und voller Tugenden sein müssen, um der priesterlichen Berufung zu folgen und Priester zu werden. Einige Menschen denken sogar, dass sie charismatische Typen sein müssen. Und sogar denken einige, dass sie täglich sehr viele Stunden beten müssen, um ein Christ sein zu können. Eine solche spirituelle Begabung würde hilfreich sein, aber ich denke, sie ist keine wesentliche Voraussetzung, Jesus Christus nachzufolgen, weil Jesus keine Supermenschen braucht. Er wünscht Menschen, die sich erinnern, dass sie von Jesus berufen wurden, die bereit sind, Jesus zuzuhören. Wir lesen im Alten Testament, dass auf dem Weg durch die Wüste das Volk den Mut verlor. Dann kommt von Gott her ein Zeichen, das wir unschwer deuten als Zeichen für Christus. Johannes schreibt (Joh 3, 14): *Wie Mose die Schlange in der Wüste erhöht hat, so muss der Menschensohn erhöht werden, damit jeder, der an ihn glaubt, in ihm das ewige Leben hat.* Jeder Christ ist ein Zeuge Jesu. Es ist eine besondere Aufgabe des Christen, sowie, das Kreuz an Jesus erinnert, soll jeder Christ ein Symbol für Christus und Hoffnung und Liebe sein. Ein Blick auf das Kreuz gibt mir Mut, ermutigt mich trotz meiner Probleme weiter zu leben. Dieses Kreuz ist ein Symbol der Kirche, damit beginnen die Christen jede Liturgie, sie spenden mit dem Kreuzzeichen einen Segen, und besonders in der Karwoche denken die Christen an das Kreuz. Das Kreuz ist *den einen eine Torheit, den anderen ein Ärgernis, uns Christen aber bedeutet es Kraft* (1 Kor 1, 18. 23).

Auch wenn ich nicht immer in meinem täglichen Leben dem Willen des Vaters entsprechend gelebt habe, auch wenn ich durch meine Tat und meine Rede in Sünde geraten bin, durch spirituelle Not in einer Einsamkeit des Dunkels und in Verzweiflung an der Gegenwart Gottes geblieben bin, darf ich diese Erfahrung Jesu selber bekunden: Er hat mich nicht allein gelassen (Joh 8, 29); der mich eingeladen hat, ist mit mir, er führt mich durch mein Leben. Er lässt mich nicht allein. Der notleidende schwache Mensch, in seiner Not verbliebene Mensch darf sich von ihm verstanden fühlen, der sterbend am Kreuz die Arme ausgebreitet hat; dessen Herz wurde eine Quelle für Leben und Liebe, durch die er seine Menschen begleitet und anführt.

Gott errettet uns und gibt uns ewiges Leben. Wir lesen im Buch Daniel (Dan 3, 14): Drei junge Männer- Schadrach, Meschach und Abed-Nego waren bereit, ihr Leben hinzugeben, für ihren Gott zu sterben, und dieser hat sie dem Tod entrissen. Unter keinen Umständen wollten sie eine falsche Gottheit anbeten und vom Glauben abfallen. Es wurde ihnen der Tod angedroht, sie wurden hineingeworfen in das vernichtende Feuer, aber Gott hat sie gerettet.

Jeder Mensch kann über zwei Dinge völlige Gewissheit haben, zum einen: dass wir jetzt leben und zum anderen: dass wir einmal sterben werden. In der Zeit zwischen Geburt und Tod besteht eine wunderbare Gelegenheit, um Gott zu erkennen. Dieses Leben wird enden. Der Tod steht uns allen bevor, und es gilt, trotzdem und gerade deshalb, weiter und immer auf Jesus zu vertrauen, der von den Toten auferstanden ist. In der entscheidenden Stunde schickte Gott seinen Sohn und er hat ihn an die Seite der Menschen gestellt, die in der Sünde, im Leiden, in der Krankheit und auch im Tode, keinen Ausweg und keine Zukunft mehr vor sich sehen. Ich bemühe mich, in allen Schwierigkeiten dennoch zu glauben, dass Gott seine Liebe durch Jesus mir schenkt.

Denn, wer sein Leben für diesen Glauben hingibt, wird es gewinnen. Wir wissen: *Im Kreuz ist Heil, im Kreuz ist Leben, im Kreuz ist Hoffnung* (Joh 3, 14). Kein Mensch, der an Gott glaubt, kann im Tod verloren sein. In Jesus werden die Menschen das Heil ihres Lebens finden, er führt die Menschen zum ewigen Leben. Darum hat Jesus seinen Jüngern versichert: der Wille meines Vaters verlangt, dass alle, die den Sohn sehen und an ihn glauben, das ewige Leben haben und dass ich sie auferwecke am letzten Tag (Joh 6, 40). Und immer noch betet Jesus für mich und für die Menschen als Anführer: *Vater, ich will, dass alle, die du mir gegeben hast, alle die meine Botschaft glauben, dort bei mir sind, wo ich bin. Sie dürfen die Herrlichkeit Jesu sehen* (Joh 17, 24). In dieser Zuversicht bemühe ich mich, die Wahrheit meines Lebens zu erfahren, denn Jesus ist die Wahrheit. Jesus sagte, *Ich bin der Weg und die Wahrheit und das Leben* (Joh 14, 6).

Jesus als Anführer ist die Wahrheit. Menschen akzeptieren, dass die Wahrheit immer gut und richtig ist, auch dann, wenn sie zunächst einmal traurig ist. Nur in der Wahrheit wird jeder Mensch die Erlösung erfahren (Joh 8, 32). Das Bekenntnis des Menschen, ein Sünder zu sein, kann man wesentlich interpretieren, dass die Menschen die Wahrheit suchen und sie von der Krankheit der Sünde Heilung benötigen. Wir lesen im ersten Johannesbrief (1 Joh 1, 8-10): *Wenn wir sagen, dass wir keine Sünde haben, führen wir uns selbst in die Irre, und die Wahrheit ist nicht in uns. Wenn wir unsere Sünden bekennen, ist er treu und gerecht; er vergibt uns die Sünden und reinigt uns von allem Unrecht. Wenn wir sagen, dass wir nicht gesündigt haben, machen wir ihn zum Lügner, und sein Wort ist nicht in uns. Wenn wir lügen, trennen wir uns von Gott, und wir liefern uns dem Gericht der Menschen aus. Wenn wir lügen, sind wir zum Sklaven der Sünde geworden* (Joh 8, 34). In meinem Leben als Christ bekenne ich mich zu Gott und folge ihm nach. In ihm erfahre ich das Heil, das kein Mensch mir geben kann, aber auch kein Mensch mehr mir nehmen kann.

Jesus als Anführer hat sich am Kreuz hingegeben, damit die Menschen in seiner Nachfolge im Kreuz ihr Heil erkennen. Jesus hat sich den Menschen zur Speise gegeben, damit die Menschen nicht mehr mit sich allein in ihrem spirituellen Leben sind. Jesus kennt die Mutlosigkeit der Menschen. Er kennt die Grenzen der menschlichen Kraft. Deshalb darf ich ihn bitten: Geh du mit mir ans Werk, damit jedes Wort, das ich spreche und denke, in Verbindung mit dir sei, damit jedes Werk, um das ich mich bemühe, dein Werk sei, damit deine Kraft mein Werk vollende, wenn meine Kraft zu Ende geht. Im Vertrauen auf dich will ich heute und morgen, was du von mir willst, tun und reden, damit ich lebe als dein Zeuge, wozu die Menschen mich in der Gemeinde brauchen.

Ich folge Jesus nach und ich bemühe mich in seiner Freude mein Leben zu entwickeln. Jesus freute sich, den Willen seines Vaters zu tun und es in seinem Leben zu erfüllen.

Dieser Demut Jesu möchte ich durch die Hingabe meines Lebens folgen. Das Bewusstsein der Einladung Jesus bestärkt mich, den Sinn und Aufgabe meines Lebens zu sehen. Ist mein Leben ausgerichtet auf Jesus hin, erkenne ich den höheren Wert meines Lebens, das sich durch die Gnade Gottes entfalten kann. Es ist meine Aufgabe, mein Leben neu zu ordnen und auf die Botschaft Jesu auszurichten, damit ich durch meine Orientierung immer wieder in die Gemeinschaft mit Jesus Christus hineinwachse, um an der Herrlichkeit seiner Freude teilzunehmen. Das Geborgensein in der Gemeinschaft mit Jesus hält mich in meiner inneren Freude des Lebens.

Jesus beeinflusst mich, den Sinn meines Lebens in der notwendigen spirituellen Entwicklung zu verstehen und seine Einladung anzunehmen. Jesus lädt mich ein, mich in ihm auszuruhen und mich in ihm zu entspannen. Meine Sorgen, Nöte und Pläne darf ich ihm anvertrauen. Ich darf auch mich selbst loslassen, damit ich bei ihm in seiner Stille sein kann. Es ist meine Lebensaufgabe, die Ruhe in ihm zu finden und mich auf ihn mit allen meinen Erwartungen und Wünsche einzulassen. Eine perfekte Erfüllung dieser Aufgabe werde ich in dieser Welt nicht erreichen, aber ich bemühe mich, durch tägliche Meditation und durch meine Lebensgestaltung eine Vorfreude der *Beatitudo* aus der Erfahrung einer Felicitas zu bekommen. Felicitas sind meine täglichen Freuden in dieser Welt. In der Herrlichkeit Gottes darf ich dann die perfekte *Beatitudo* erfahren, ihn von Angesicht zu Angesicht zu sehen. Jesus führt mich zur perfekten *Beatitudo* hin.